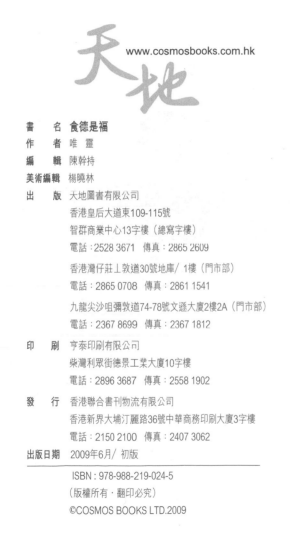

www.cosmosbooks.com.hk

書　　名　食德是福

作　　者　唯靈

編　　輯　陳幹持

美術編輯　楊曉林

出　　版　大地圖書有限公司

香港皇后大道東109-115號

智群商業中心13字樓（總寫字樓）

電話：2528 3671　傳真：2865 2609

香港灣仔莊士敦道30號地庫／1樓（門市部）

電話：2865 0708　傳真：2861 1541

九龍尖沙咀彌敦道74-78號文遜大廈2樓2A（門市部）

電話：2367 8699　傳真：2367 1812

印　　刷　亨泰印刷有限公司

柴灣利眾街德景工業大廈10字樓

電話：2896 3687　傳真：2558 1902

發　　行　香港聯合書刊物流有限公司

香港新界大埔汀麗路36號中華商務印刷大廈3字樓

電話：2150 2100　傳真：2407 3062

出版日期　2009年6月／初版

ISBN：978-988-219-024-5

唯靈食經 Ⅰ

食德是福

唯靈 著

唯靈 著

序

　　常言有道：「食得是福」。廣東俗語稱「健啖」為「食得」，此乃身壯力健的表現自是福氣。區區今易一字作書名「食德是福」，旨在提醒大家毋忘中華文化優秀傳統「惜食惜福」的美德，一飲一啄都絕不可浪費。

　　為了口福享受講究餚饌精美可口未可厚非，但切戒鋪張奢靡，炫奇鬥巧以至暴虐無道，甚麼生割驢肉、活炙鵝掌之類的殘忍野蠻愚昧畸行與以仁愛為本的華夏文化相悖，實為文明社會之恥。

　　區區幾十年來為飲啖之樂不惜腰間錢，但絕不肯鋪張浪費，點菜一向適可而止，寧可不足之時添加，這點一得之愚頗得友儕讚同。今借這本拙作傳播食德是福的信息，願與大雅君子共勉。

　　　　　　　　　　　　　　　　　　唯靈 謹識
　　　　　　　　　　　　　　　　　　己丑年端午

發動香港飲食業界爭取權益加強與政府溝通

代表香港赴星推廣香港旅遊，揮毫留念。

與傳奇人物「燒鵝輝」相交半個世紀，於
輝哥八十大壽壽宴上與甘氏父子合影。

上世紀八十年代，為「文華酒店」策劃滿漢華筵。

引進順德名廚，為法國名瓷於文華酒店舉辦順德美食宴。

應邀往墨爾本評審
中菜奧林匹克

與英國葡萄酒權威
Hugh Johnson相交
逾30年經常交換心得

上世紀八十年代初，
為國泰航空公司研發
改善飛機餐。

歡宴訪港「世界小姐」

與 Chatreau Lafite總裁共享佳年美酒

溫哥華美食節與各展覽商合攝

何止得把口，也能露兩手。

通過電視媒體推
廣香港美食

與北京釣魚台賓館國宴館廚師長合影

在北京人民大會堂與
大會堂廚師長合影

目錄

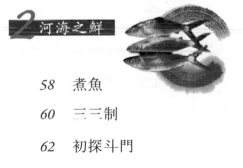

目錄

3 華貴之味

4 葷菜佳餚

目錄

5 時蔬美饌

7 華洋餐飲

6 滋潤湯品

1 飲食追昔

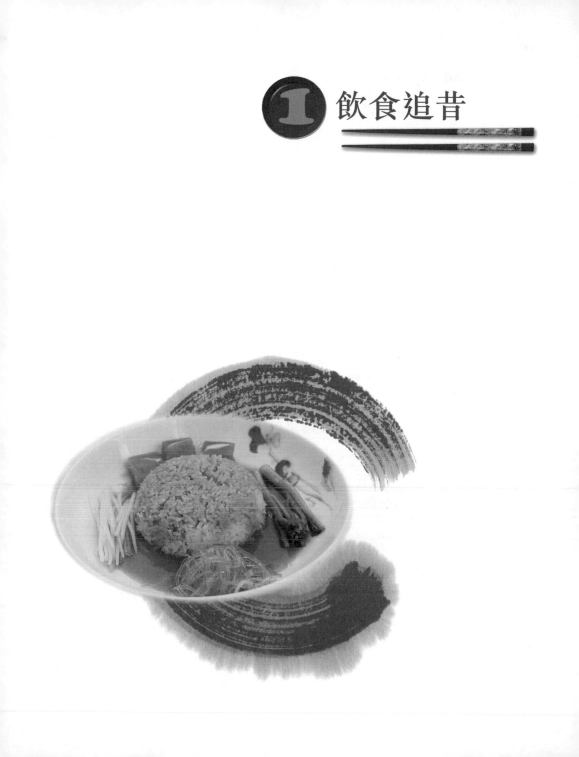

七十八年前

　　老友贈以一份七十八年前出版的《思潮星期報》局部廣告影印本，兩家茶室的廣告有極珍貴的資料。

　　「含笑茶室」逢星期六更換的點心單：

　　含笑粉果（壹毫）、磨菇雞餅（毫二）、火鴨千絲卷（壹毫）、鮮蝦芋角（壹毫）、上海蟹肉條麵每碗二毫、鮮奶香糕（陸仙）、山渣夾心蛋糕（陸仙）、欖仁棗蓉包（陸仙）、牛油五仁酥卷（陸仙）、蓮蓉蒸餅（六仙）。

　　最有價值的消息是：

　　本茶室每日由下午五點起加設合璧全餐時菜各式上湯精美流質甜品。

　　值得注意的是：合璧全餐和流質甜品。

　　合璧說得籠統不知是中西合璧還是南北合璧？不過既稱「全餐」想是中西合璧，因為當年香港西餐館都流行「常餐」與「全

餐」。

特別聲明「流質甜品」乃因其時茶室只供甜點心如糕餅之類，沒有糖水甜露，時至今日，陸羽茶室仍維持這個傳統。

區區對這家「含笑茶室」並無所知。另一家「味腴茶室」似乎依稀有些印象，但也記不清了。

蓮香茶樓其時省港共有三家，老舖在廣州第十甫，港九各有一家，香港在大道中，九龍在旺角新填地街，區區都曾經去過。

五十年代蓮香茶樓還有不少托雀龍登樓的茶客，其後才轉往對戶的慶雲作大本營。

蓮香茶樓以禮餅、月餅馳譽，當年以「蓮子蓉」、「杏蓉」和「棗蓉」為特色。

點心賣到壹毫是相當高的消費，因為另有一段明星理髮所的廣告，男賓修髮洗頭才是三毫。

一九四〇年以前香港尚在「仙士時代」，一個「仙」可以吃到「白粥油炸鬼」，五仙——俗稱「斗零」或「三分六」可以吃碗牛腩粉或雲吞麵了。

三十年前春茗

　　吾友小潘移居英國三十年了，這一陣子每個月都要飛返香港處理一些完全外行的業務——中菜館。事有湊巧，那館子正是區區與它有三十年之緣的麒麟閣。

　　七十年代中食街集團在銅鑼灣橫空出世崛起，大業主（也是後台大老闆），獨留一角給徐堅去搞麒麟閣，這一着棋的高妙令商界賢豪都衷心歎服。

　　當年麒麟閣是高檔粵菜之表表者，多新意而又不流於怪異。湊巧翻出在七十年代出版的《食在香港》有一篇舊作《新春吉祥九大簋》，是談在麒麟閣的春茗，九位消費才是八百七十五元，席珍如下：

　　兩熱葷是：「喜鵲東來」和「花開富貴」，前者是冬笋炒雞片和肉眼片，後者是蟹肉扒百花瓤西蘭花。

　　「大展鴻圖」是古法蟹黃翅。

「龍皇獻瑞」是生炊龍蝦。

「金雞報喜」是片皮雞。

「玉樹麒麟」是蘭度伴花菇、腿片，麒麟斑夾。

「四喜臨門」是草菇肉片湯、灼油菜、煎鹹魚和鴛鴦腸、金銀膶煲瓦罉飯。

「玉露迎春」是杏仁露加鵪鶉蛋。

「佳果盈盤」是冰凍剝淨潮州蜜柑，澆以「君度」橙味甜酒。

其時我們已經常吃中菜而飲葡萄酒，這晚九個人倒消受了一瓶Pouilly-Fuisse，兩瓶Chablts和一瓶Dom Perignon。那年代紅酒有益之說未興，香港葡萄酒市場份額是「白六紅四」，未如而今之一面倒。

後來在食街的「畔溪小館」照辦煮碗，更還加了個「錦繡拼盆」，十二位用才不過是五百五十元而已。

區區把這篇舊作影印了電傳小潘，給他作搞三十周年之慶的參考。

說來傷感，當年作麒麟閣顧問的陳非與主廚孔泉兩個老友都已作古了。

歲晚丰頭想當年

　　身在福中不知福乃人之常情，香港人不知不覺間被寵縱壞了，一旦在異地生活便很難適應。

　　經常外出公幹的朋友們都感歎：「一出鯉魚門才知香港難能可貴，人在他鄉甚麼雞毛蒜皮小事都會變成頭痛的問題。」

　　食在香港最難能可貴的是便利二字。一年三百六十五日，一天二十四小時，都有食肆在恭候大駕光臨。

　　時至今日食在香港愈來愈方便，新春期間照常營業的地方愈來愈多，不像六十年代以前酒樓茶室歲晚收爐之後起碼有三四天沒有飲茶吃飯的去處。

　　資深報人都仍記得當年「記者節」聯歡往往要提前舉行，因為九月一日適逢「酒樓茶室總工會成立周年紀念」全行休息一天慶祝！

　　當年王老五對廣東俗語所云「寡佬怕新正，寡婦怕清明」的體

會甚深，因為除了吃西餐新年頭難覓噉飯去處也。

　　一年除夕與同事收工後去南北行潮州巷消夜之時斗記已在拜神，正擬改去希爾頓酒店的嚤囉街咖啡座好歹也來點甚麼安撫一下五臟神。

　　斗叔好客情一把拉住：「請坐，請坐，莫要嫌粗，來飲杯發財酒。」

　　時至今日，當年飲過這杯發財酒，吃過潮州滷鵝，龍蝦飯的老朋友對潮州人好客之情仍津津樂道。

　　斗記與天發當年是香港潮州菜的一時瑜亮，而今雖然都已成陳跡。但區區對天發的潮州翅，生炊龍蝦；斗記的方魚雞球炒芥蘭，和「三個銀沙茶牛肉爐」仍留下非常深刻印象。

　　「三個銀」者即三元，當年我們在斗記點菜多會言明銀碼。如「三個銀沙茶牛肉爐」，「五個銀煖爐」，如來個「十個銀生鍋」便是很大手筆了。區區一回加五個銀竹笙更被視為豪舉焉！

薛派名菜

　　《小題大造》的新書發佈酒會中碰到球伯，他說「貞觀女史」已在蒐求禮云子以飫一眾饞友口腹。

　　過了不久果然有喜訊傳來，湊巧世侄女從難得有啖好食的休斯頓回來便安排在「一哥真徒」的「灣仔人家」處以這已成珍稀的時鮮款待。

　　據飲食業的老行尊說三四十年代省港澳食肆突然掀起一片禮云子熱潮，實拜當時有「粵劇泰斗」之稱的薛覺先之賜。

　　當年「薛老揸」當紅，不但一飲一食也備受注意，好事者更加仿效。他嗜吃禮云子，尤愛以上湯蒸蛋白作「假豆腐」，澆蓋禮云子雞粒芡。這薛派名菜當年曾一度十分流行。

　　早幾天飲早茶之時閱報有一則花邊新聞，原來當日是薛覺先逝世五十週年紀念。余生也晚，對這位「粵劇泰斗」沒有甚麼印象，倒是對當年中環Conder's Bar有位酒酣之際唱幾句薛腔的熟客至今

仍念念不忘，並非唱功特別好，只緣他是個印度人竟然能把「情惆悵，意凄涼……」唱得字正腔圓也不容易了。

文革後不知如何禮云子失蹤多時，九十年代有少量重現江湖之時考起了粵菜新紮師兄。

區區一回囑把禮云子做粉粿：「照平時做法，不過每隻加一兩片芫荽葉和一丁點禮云子也就是了。」

及「禮云子粉粿」上桌，區區為之啼笑皆非。

師父遵囑照辦，既有芫荽，也有禮云子，但都放在粉粿的外面！

先父當年愛以禮云子、燒腩蒸豆腐。

近年區區照辦煮碗不但未見佳處，且愈來愈差，非關禮云子變質而是燒腩愈來愈瘦，皮下便是瘦肉不帶脂肪與沙梨篤沒有甚麼分別！

今之豬真氣死人，燒肉太瘦，乳豬又太肥，這是甚麼世界？

上海番菜

吾家小女聽同窗提過一些五十年代遺留下來的上海番菜館，頗有興趣去見識一下。

較早時帶她去試過般含道的那家，她的評語是：「原來如此。」

最近她又提到銅鑼灣的那一家，七時許去到「全滿座」。在站着等位之際她發覺分量很大便想打退堂鼓，趁有新客入門我們乘機悄然引退。

區區告訴吾家小女印象最深刻的「上海番菜館」是中環的七重天，英文叫Seventh Heaven是very happy的意思。在七、八十年代我們倒真的在這裏享受過不少very happy Happy-Hours。

七重天的經理是個上海番菜老手，深明服務行業以客為尊有求必應的道理。真正能夠做到賓至如歸的感受，故熟客基礎相當渾厚。

當年Happy-Hours的酒客很少在七重天吃餐，區區也只偶然午餐時段來光顧，因為當年口味甚生番化，喜歡吃番鬼口味的西餐。不過，平情而論他們的出品水準確比當時同行為高，而今剩下來者更不能與其相提並論了。

　　當年「上海番菜館」最受歡迎的是：有幾條魚翅的「金必多湯」，黑椒牛柳和花旗雞皇飯也是很多人吃的熱門菜式。

　　羅宋湯，和俄國牛柳絲飯是檔次較低「羅宋大菜館」的招牌貨。

　　聽一個「上海番菜」老師父說過當年多數上海人吃牛柳起碼要七八成熟甚至熟透，所以必須準備一些用鬆肉粉醃製過的牛肉，反正那黑椒汁味道甚濃，容易藏拙。

　　老上海吃番菜許多不喜歡吃麵包而要跟「白脱油飯」，「白脱油」者洋涇浜英語butter是也。

　　區區吃乾身的Lamb Chop Madras咖喱羊扒也喜歡以牛油拌白飯而不取那英式西餐咖喱汁。

荒謬食譜

閒時翻閱一些幾十年前出版的老食譜，荒謬得很有趣。且作文抄公抄一段與各位共享。

這是一個五十年代「新派粵菜」的食譜。原文如下：「乾葱焗豬排又是一個新派的食製，可以說是中西合璧的佳品。」

材料：排骨十二兩、乾葱頭二兩、蒜頭二粒、麻油四五滴、老抽六七滴、白糖十餘粒、白酒四五滴、茄汁半匙羹、豆粉、生抽、青椒、紅椒各少許。

有入廚經驗者一看便知調味與材料不成比例，依樣畫葫蘆絕不夠味哪會好吃？白糖逐粒數，液體調味料以「滴」計算已很搞笑，而且始而以滴為單位，再又轉為匙羹，後來索性含糊地來個「各少許」，教人摸不着頭腦無所適從。

製作過程更屬混帳：「待生油略滾沸時將排骨放下泡油約八九秒之譜……。」

這更是故弄玄虛「阿茂整餅」！

「生油略滾沸」十分含糊，説了等於未説，泡油八九秒大概是賣弄新知識或新近買了個「大三針游水手錶」──五十年前算是時髦貨色──故入廚煮食也以秒計時了。

其實泡油計時何須看錶，也沒有限於八九秒那麼精確嚴謹的必要，教人心中默數十幾二十下豈不更實際易辦？

最後工序更不知所謂：「放油一匙羹繼將各樣用料盡行放下鑊中爆炒三四下，然後將已炸好肉排放下鑊中、白酒亦贊下，隨即冚蓋，慢慢火燜之，約三十餘秒之譜，這是適當火候，而水分亦所剩有限，略加少許豆粉埋茨，即成。」

這簡直是荒天下之大謬，泡油八九秒，燜三十餘秒，全部用火時間一分鐘不夠，試問如何能使豬肉達到夠熟的地步？

調味不當，不夠味不好食那還罷了，依照食譜指示先炸後燜，豬肉也根本未熟透如何可以吃得？

不知輕重

老一輩廚人視「斤両書」為秘笈，不會輕易示人，製作之法更是秘而不宣。入廚學藝靠「偷師」，師父不輕易教，徒弟也不敢問。

區區問過一個廚佬他一手工夫是如何學來的？

他說主要靠看隔鄰師兄如何做自己依樣畫葫蘆，從「鑊尾」——最低的位置——一步一步升上去。

故此幾十年前行上鮮有記載清楚的食譜，被問起之時連分量、時間也說不清，到二三十年前依然如此。

坊間流傳下來的食譜也謬誤百出，可能是口述者語焉不詳，筆錄者不求甚解亂配鴛鴦，如依書所云照辦煮碗後果往往教人啼笑皆非。

例如教人蒸瑤柱肉餅，開列出來的材料是半肥瘦豬肉六両，瑤柱二両。

這是絕對荒謬的分量，稍有入廚經驗者也決不會如此不知輕重，當是捉刀人亂搞。

以<u>直徑·吋的瑤柱為準，一斤約有八十粒，一兩便有五粒</u>，二兩便有十粒，蒸六両肉餅怎可能用上十粒瑤柱？

以個人經驗，配六両豬肉蒸肉餅用両三粒瑤柱已足，太多了反而不美，更休説多至十粒那麼離譜了！

瑤柱肉餅要想可口還須加馬蹄粒、冬菇粒和芫荽梗，細切撻透以求爽之外更要加入適度的浸瑤柱水拌和，蒸出來的肉餅才會滑爽可口。

坊間蒸豬肉餅和牛肉餅多加梳打食粉以求口感爽滑，可是如此一來肉味便大打折扣，非落重「師父」補救不可了。

肉餅不論豬肉還是牛肉都是下飯菜，故味宜稍重，如上味不夠配起白飯便嫌寡薄。鹹魚肉餅、鹹蛋肉餅，因有鹹味押住陣腳少見此弊，多數陳皮牛肉餅便往往要靠老抽助陣了。

灣仔舊招牌

每去「灣仔人家」囑咐的士司機怎樣走，便想起英京和悅興。這兩家灣仔老店五十年代都在電車路那一角。前者檔次較高，當年英國皇夫訪港華人紳商名流也在此設宴，兩熱葷之一竟是咕嚕肉曾經成為城中熱門話題。

英京的鮮蝦腸粉，豬膶腸粉，不但蝦鮮膶滑，那富有稻香米味而又口感爽滑的腸粉更是絕唱，而今那些用摻了澄麵、生粉的粘米粉開漿的糊嗒嗒腸粉絕不能及其萬一。

悅興較街坊化，但鳳城風味菜也做得相當精巧甚受知味食家賞識。五十年前物價便宜，悅興酒家的翅席定價一百元不到。

悅興在六十年代曾遷波斯富街而今太湖現址，後來在三角碼頭又開設了悅興盛，七十年代也淡出江湖了。

說起灣仔飲食風情怎能漏了以「處女肥雞」廣告招徠，而以「掛爐鴨」名噪一時的操記。這小店的皮蛋鹹瘦肉粥和乾炒牛河也

是一絕，五十年代也要一元二角一碗粥，倘非有過人之處灣仔橫街小店怎能要那麼高價？當年譚臣道上的永華一碗「細蓉」才是五毫而已。

「操記處女肥雞」的大字招牌教不少南來外省朋友視作香港都市風情畫的奇觀，年輕一輩已很少知道灣仔曾有過這麼的一家趣怪小店了。

灣仔區有四十年以上歷史的舊招牌已所餘無幾。龍門茶樓、悦香雞、波士頓、永華、美利堅……區區搜索枯腸再也數不出了。

不久之前看見一爿老招牌有仔記，説來甚奇區區自小便久聞其名可是幾十年來卻緣慳一面從來沒有光顧過，倒要找機會去一試。

有仔記在二次世界大戰之前已在中環石板街以蠔油薑葱撈麵和羊城雲吞麵馳名。

灣仔時代是小酒家乃相當熱門的消夜去處。

香港飲食文化

手上有一份官方發佈的資料，是關於改善日常飲食的建議，用意甚善。

可惜的是羅列出來的例子顯出編制者對日常飲食的認識十分有限，這就大大削弱了說服力，真是可惜得很。

舉個例子在「常見餐單」中有「生滾肥牛肉粥」，請恕區區孤陋寡聞個人從來沒有見過，問遍在座各位資深飲食業中人也未之聞也。

又如建議把「生炒排骨飯」改為「西芹雞柳飯」，理據是前者無蔬菜，後者有半份蔬菜。

編制者顯然不知「生炒排骨」一般有青紅椒塊甚至菠蘿作配菜，並非只得幾件「生炒排骨」全屬肉食。

香港人飲食習慣和飲食文化近年有重大改變。

回顧過去半個世紀普遍家庭的早餐從煲粥——或出外吃粥，到

牛奶、麵包以至吃即食麵。

　　茶餐廳港式早餐——通粉、腸仔煎蛋、多士、咖啡或茶，已經取得絕對優勢令傳統的一盅兩件歎早茶文化岌岌可危。

　　香港人飲食習慣趨向簡便以求省時省事，使快餐、套餐、自助餐在香港飲食文化中扮演愈來愈重要的角色。

　　消費者既要「多」——品種多；「快」——食物供應快速；「好」——價錢要好（即便宜）；「省」——省時省錢（最好全包還有啤酒送）。

　　劉健威老弟認為飲食文化是我們可恃的「王牌」，個人認為大力捍衛「三優飲食文化」已是刻不容緩的當務之急。

　　區區幾年前提出「三優」（三E）之說：優美氛圍（Elegant Embiance）；優良食品（Exquisite Food）；優秀服務（Excellent Services）．

　　但而今想來也還未夠，必須再加一優：「優雅食風」才能拯救日益淪落的飲食文化！

余言應與捧場氣氛場合為首

西進中退

六七十年代夜店怡香不時在午夜後湧來一批穿晚禮服男女吃消夜，這些都是餐舞會客。

其時酒店餐舞會的牛柳十分難啃，紳士淑女捱了幾個鐘頭，舞會一散便紛紛趕往夜店祭五臟神去也。

近年大棚宴會肴饌中菜愈來愈不像樣，西餐卻有進步，起碼而今的牛柳都不會難以下咽了。

酒店中式宴會而今流行在堂上席畔分菜，把一條全魚弄至支離破碎奉客，其狀簡直有如「撈貓」，認真倒盡胃口。

區區着實難明為甚麼這些年來依然故我，擇惡固執。

曾問過酒店的朋友，他們說不是不知其弊，而是許多時候客人堅持如此，取其「十全十美，富貴有餘」之意云云。

這教區區想起曾有一段時期酒樓喜筵菜單流行一個好意頭的菜：「彩鳳築新巢」，是炸芋絲雀巢盛着炒雞片，構思相當不錯。

可是侍應分菜之時把雀巢敲碎與雞片同分，如此一來便成未洞房已把愛巢搗破，認真大吉利是了！

一尾象徵「十全十美」的全魚弄至「骨肉分離」才奉客又有何吉利可言？

「彩鳳築新巢」已成明日黃花，但代客拆散象徵「十全十美」的全魚何時方休？

往昔飲食業有許多避忌，如寫壽宴的「壽」字決不可寫減筆的「寿」──因為如此一來便犯了減壽之忌！

壽宴單尾長籌麵一柱擎天，不會有炒飯以避「壽飯」──喪事用──之諱。

也許當年的酒樓「老師」授徒之時漏了招，近年營業部的新紮師兄已不管這一套了。一回老友設壽宴着區區寫菜，酒樓不知「仙翁奶露」是何物，因為他們根本不知有仙翁米這種材料！

香港飯局

區區有幸躬逢其盛參與過不少飲食文化研討會,敬聆過許多高明偉論,也許是個人魯鈍卻是得益無多。

中華飲食文化委實十分淵深博大,不論如何大做文章也只如盲人摸象。是故區區一向認為在生活中了解飲食文化比誇誇其談有趣味有意義得多。

飲食主要是滿足口福,耳食、目食根本不算得真真正正的食。故讀破萬卷飲食文章,恭聆千人宏論,對飲食文化的體會總不及親身經歷去吃一頓飯,大家邊吃邊談,互相啟發,觸類旁通更多得着。

最近有提出調查香港飲食文化和香港人飲食習慣變化之議,個人認為比空談文化有意義得多。如此工程其實可大可小,大有大做,小有小做,做無論如何好過不做。因此,區區決定自己開步走出第一步:籌組「香港飯局」,由圍內友好做起作點微末貢獻。

「香港飯局」的菜單擬涵括五六十年代、七八十年代、千禧前後三個階段有代表性的名菜名食——不一定是名貴菜，也不論華洋不拘南北。

區區擬列入「香港飯局」菜單中的名菜名食包括中式牛柳，蝦醬鴛鴦魷，煙鯧魚，龍蝦刺身、銀爐象拔蚌、鹽燒鯖魚⋯⋯，蒲燒鰻魚、砂鍋燜雞絲翅、五柳浸魚、金銀鮑脯、芫爆傘旦、葡汁四蔬、咖喱牛筋腩、方魚芥蘭炒雞球、散尾雲吞、乾煎蝦碌，金必多湯，白脱油飯⋯⋯等等，等等。

中西合璧一直是香港飲食文化的特色，亦中亦西向來也是香港人的飲食習慣，甚麼Fusion，Cross-over，East meets West之類的新潮。對香港人而言，並不新鮮，因為在香港早已有之。

正是「不識廬山真面目，只緣身在此山中」，大家不以為意，但是一經提點便會恍然而悟，對日常的平凡食物有新的認識、新的感受、新的興趣，對香港飲食文化便有更深的體會了。

「海派」‧「和風」

香港粵菜自開埠以來向以羊城馬首是瞻，直到二次大戰後受「海派」影響才逐漸慢慢踏上蛻變之路。

舉例而言，粵菜筵席的「雜錦併盤」便是受「海派」的影響在五十年代之後才逐漸流行起來。始而以燒味滷味為主力，到八十年代曾經湧現過所謂「漢和併盤」的異端——可幸其壽不永。

「雜錦併盤」無定制，燒鵝、燒鴨、油雞、乳豬、燻蹄⋯⋯大可以隨意選配。七十年代區區曾經為「乳豬併盤」而大發脾氣，因為竟然只得十件乳豬，一席十二人不夠分配。倘然是「雜錦併盤」那還罷了，既然打出「乳豬併盤」的名堂怎可以有人吃不到乳豬？

傳統粵菜酒樓的營業部「老師」入單每一個菜必有註腳。敍述清楚材料斤兩決沒有如此失策，新派粵菜的營業經理腹儉才會撞此大板。

「漢和併盤」的時髦玩意僅是曇花一現不多久便銷聲匿跡，因

為那些廉價「太子魷」、假蟹柳、八爪魚鬚之類的「和食」不合大眾口味，偷工減料欺客的司馬昭之心更是路人皆見，不多久便被淘汰了。

八十年代「和風」狂飆吹襲香港粵菜，有些走火入魔食肆菜牌竟然只有「海鮮烏冬」、「鰻魚拉麵」而沒有肉絲炒麵、菜芛牛河。

「和風」吹進香港食壇而能在粵菜生根再進而風行各地者當推龍蝦刺身、象拔蚌刺身等生吃游水海鮮之風。

猶記八十年代初澳洲龍蝦初來香港打銷場，多數海鮮酒家都不敢領教，認為肉粗而硬不論蒸、炒、油泡風味都遠遜本地龍蝦。可是作刺身生吃卻能藏拙，更佔了體勢雄偉壯觀賣相漂亮的便宜終於打開銷路；隨本地龍蝦產量日稀，尋且在海鮮市場脫穎而出成為「海鮮明星」了。

濁世清流

　　一般以為酒店中菜難免沾上點「洋盤色彩」，還是區區杜撰出來的形容詞，「洋盤」一詞早已有之，是上海俗語相當於廣東話的「老襯」。據說源出澡堂，澡堂老客都喜歡泡大池，只有新丁才會光顧一人私用西式浴缸：「洋盤」，六七十年代香港的日新池、香港浴室、溫泉等上海澡堂仍保留如此傳統。

　　區區採用「洋盤色彩」還蘊涵「西式風味」之意，即今之所謂Fusion。

　　但百步之內豈無芳草，有一家酒店的中菜卻走踏實路線專治十分地道之「石地堂鐵掃把」佳肴，最近我們在此作局人人拍爛手掌之餘立即又再訂後約，這就是尖沙咀的君怡酒店。

　　吾家小女幾歲大便喜歡君怡酒店日本料理花水木的三文魚手卷，但到近年區區才發覺他們的中菜也大有可取，最教人擊節讚賞的是：

不尚有名無實虛榮宴

專治真材堅料老實肴

在妖風邪氣瀰漫之際如此濁世清流確屬難能可貴，下回聚會區區決把這對仗平仄也貽笑大方的「對聯」贈給掌廚的師父聊表敬意。

這晚菜單的主題曲是糯米瓤燒全體奶豬，副以金銀菜白肺粉腸老火湯、自曬頭抽秋油蒸地下水養鯇魚、花菇新栗燜靈芝雞，以上材料全由肥豬強供應。

君怡的師父菜是大根燜牛肋骨；日本蘿蔔的清甜軟滑配牛肋骨的香酥濃郁滋味，在平實中顯出調味火候控制的功力，忒是難得良廚佳饌。

下次的菜單，瓤奶豬除糯米外，區區試加松仁與野米，口感更為豐富。

地下水孖鯇魚改以鹹魚茸、五花腩片蒸之。「孖鯇」是指每席兩條二斤重的鯇魚，肉質特別嫩滑。老火湯這回則改為白果、薏米、腐竹煲豬肚、粉腸。

大班話當年

美心集團慶金禧，七十年代以「鯨飲牛奶」轟動一時的風雲人物渣甸大班「肥仔K」也特地從祖家回港上台話當年。

五十年代美心餐廳夜總會啟業之初是上海紗廠幫大亨雲集之地，他尚還記得座上時有群芳競秀的風流韻事和那很好吃的「雞卷」。

到底是隔了半個世紀，「肥仔K」把夏蕙夜總會的地點記錯了。夏蕙是在陸海通大廈，不在娛樂行。娛樂行有過三家夜總會，一是地下的麗晶（Crystal Lounge）、二樓的藍天（Blue Heaven）、和後期的金寶（Mocambo）。

五六十年代中環有娛樂戲院和皇后戲院望門對宇放映首輪西片，中西食肆如林，是娛樂飲食消閒好去處。百樂門夜總會、藍天夜總會、麗晶夜總會、新都夜總會、月宮夜總會……之外，當然還有中華大舞廳。

美心進軍中菜第一步源於七○年承包大阪博覽會香港館，<u>伍沾德千金淑清學成歸來初試啼聲幹得有聲有色，為創建翠園網絡奠下</u>基礎。

　　美心中菜也開多元化之先河，粵菜之外還廣及京、川、滬、湘、潮菜，建立了北京樓、錦江春、滬江春、洞庭樓、潮江春等品牌。

　　伍家第一二代接班人蘭桂俊秀為集團帶來新氣象，除着力引進國際品牌另創新天之外，更着力更新，把一些漸呈老化者重新包裝，像滬江春搖身變為紫玉蘭完全脫胎換骨，展拓了一番新局面。

　　金禧宴中最有人情味的一幕，是當年美心的兩位會計小姐上台領紀念品，她們由開張之日起服務了半個世紀，而今仍每天上班。想是捨不得賓主情深，也充分反映五十年代香港人自強不息不輕易言休的精神。

不拘古今

　　自從「創新」一詞被用濫了，食壇便出現以「古法」為標榜之風。

　　其實正如鄧公所云：「不論黑貓白貓，會捉耗子的便是好貓」，由此引申：「不拘『創新』與『古法』，好吃的便是佳肴。」新法古法無關宏旨。

　　食風因時因地而異，墨守成規搬出老古董未必會適合今日市場。舉個例：潮州的經典甜菜芋泥，依古法須重用豬油，始得香滑之妙，時至今日倘然執着於古法的話，勢必趕跑食客。

　　又如江南名菜炒鱔糊，古法以「響油」是尚。「響油」者，即成菜上碟之後當中扒開一洞，先放下蒜茸再傾下滾沸的豬油，端到桌上還在卜卜地響，時至今天，如此這般的「古法鱔糊」一亮相，不把太太小姐嚇暈了才怪！

　　傳統粵菜鱔饌有個好菜「蒜子扣網油風鱔」，依古法是風鱔切

段之後用豬網油包裹着排好在炸蒜子上蒸透反扣碟中，原汁勾芡，甘腴滑膩美味無比。

如此古法而今也不管用了。首先野生風鱔難求，養殖白鱔本身脂肪已嫌過多，不必如瘦身風鱔須借重網油滋潤了。

但有些古法以至古老舊炊具卻依然十分管用。

如瓦罉煲飯不論明火或無火，都以國產土製粗貨為佳，一換了陶質、細密的日式砂鍋，風味便大異其趣。最顯著的是鍋底飯焦，因透過毛細孔的熱力不同，香脆程度便有很大距離。

至於那些只以瓦罉或砂鍋為容器蒸飯的假煲仔飯，更不在論列了。

用缸瓦人仔煲明火煲出來的粥，風味的高妙絕非雙層不銹鋼粥鍋燜熬出來的糊仔粥可及其萬一。

在要求經濟效益的時代，古法古風零落，好古的懷古客空餘惆悵。

七十年代拾遺

　　《信報月刊》的〈七十年代叱咤風雲的香港飲食業〉一文勾起區區許多回憶，在這個黃金時代集團化和服務現代化的形成，美心集團伍氏兄弟功不可沒。

　　五十年代美心餐廳開華人經營高檔西餐之先河，七十年代翠園引進西式餐樓服務，對中菜業更有革命性的影響。

　　翠園在七十年代中期已經發展為擁有星光行、百德新街、於仁行、娛樂行、康樂大廈等多處分店的集團。憑規範化、標準化的服務與出品投合新一派顧客的口味而得以迅速發展。

　　當年翠園曾登一段廣告以「人人都話翠園好」為題，區區一時手癢半開玩笑也寫了一篇「人人都話翠園好，翠園有甚麼不好？」的遊戲文章，指出翠園有許多好處但沒有招牌菜實是美中不足。

　　隨和的沾德兄看了見面打個哈哈也不以為意，可是一向認真的舜德老哥便很不高興了。

香港粵菜行業一向保守而排外性強，到八十年代初對西餐式服務仍有拒斥的阻力。「老差骨」一般以為「西餐仔點識做中菜」？

區區便曾教訓過一個持此論調的資深酒樓部長，反問他分翅、分冬瓜盅、全魚起大骨之外中菜樓面服務還有甚麼看家本領？這些工夫有幾難學？

七十年代還出現了集中廿幾家大小不一不同風味食肆於黃金地段的食街集團。範圍包括加寧街、京士頓街、百德新街，和後來改名食街的侯斯頓街。

食街集團二十八家食肆的菜種包括粵、滬、京、川、日本料理、西餐，檔次從 ＄1 BBQ到以京扒熊掌馳譽的京香樓和梅開二度佛跳牆贏得讚美的畔溪菜館、小小菜館。

值得一提的是其中香齋廚更是新派素食的先驅── 那引進西餐風味的焗酥皮竹笙花菇湯更令一眾齋公齋婆大開眼界。

想當年

〈七十年代拾遺〉蕪文刊出之後老友紛紛來電囑多談談這個黃
金時代的盛況。

最膾炙人口者當數「貓毛當貂鼠」的「魚翅撈飯」，這玩意兒
本來只是酒家午市粉麵飯項目的貨色，地位還不及雞球、斑片生
麵。

區區依稀記得六十年代上環國民酒家的「魚翅飯」、「魚翅伊
麵」只是兩三元左右而已。

七十年代後期區區出了本《食在香港》的中英文小冊子供東南
亞遊客作搵食指南，內有供二至四，六至八，和十二位用的菜單，
其中鏞記的十二位菜單如下：

①金牌燒鵝兩式：片皮、西芹銀芽炒絲；②海屋藏龍（油泡
螺片、龍蝦球）；③蒜子柱脯；④蟹黃扒包翅；⑤碧綠麻鮑脯；⑥
百花香酥雞；⑦鮮蓮冬瓜盅；⑧清蒸大𪚒蚌；⑨鮮荷葉飯；⑩蟹肉

伊麵；⑪美點；⑫合時生果。

你道菜價幾何？

暫且賣個關子，請在文末找答案！

給你一個「貼士」——八十元供兩位用的菜單已有：①燒鵝叉雞併盤；②雜錦冬瓜湯；③荷葉蒸雞；④水餃生麵。

當年潮州菜尚未晉身高檔之列。中環環球潮州酒樓開出來的十二位用菜單有：①雜錦大四併；②潮州燉翅；③川辣雞；④三絲官燕；⑤火腿芥菜；⑥煎焗鯧魚；⑦潮州蒸龍蝦；⑧乾燒伊麵或潮州煎伊麵：⑨芋泥福果。

菜價：六百五十元。

以目前行情而論僅能夠吃三碗潮州翅而已。

時上海菜處低潮，少有筵席多屬小吃便宴，故只備六至八位菜單：①雜錦併盤；②清炒蝦仁；③醬爆櫻桃（田雞腿）；④蟹粉豆苗；⑤炒鱔糊；⑥冰糖圓菜（水魚）；⑦糖醋黃魚；⑧醃川或醃篤鮮（砂鍋湯菜）。菜價只是三百元。

＊鏞記的菜單是一千八百元，而今半份鮑翅亦不止此矣。

飲宴

改革開放不久，老友特邀上廣州赴老太太壽宴：席設文昌路廣州酒家。

區區印象最深刻的是在堂面用鐵皮水売從一個大煲舀魚肚羹落鍋上席。對區區而言，委實是文化震撼。但其時廣州入夜尚見不到一個霓虹管招牌，市面難得見不爛的生果。

另一回專程往廣州貴都酒店吃「滿漢全席」。

未下車已是爆竹聲喧、鑼鼓齊鳴，兩行宮娥打扮美女之外，更還有兩條醒獅相迎，禮儀認真隆重。

但這一頓足吃了三個鐘頭的「滿漢全筵」，時至今日留下來的印象只有迎賓的場面而已。

九十年代在北京躬逢釣魚台國賓館、人民大會堂的隆重宴會之盛，不論席珍、禮儀、服務的標準，比廣州當年已高許多個層次。

近十年國內一切突飛猛進日新月異，有不少前衛玩意比香港有

過之而無不及，可是有些民間習俗仍然根深蒂固，擺酒以鋪張浪費為能事的劣習便是一例。

聽國內當酒店老總的老友訓示管理階層如何搞好一個貴賓大型婚宴很有意思。

他說：「請客主人常說『酒微菜薄，敬請包涵』這八個字，正好反映宴會酒要豐足菜要多要大是基本原則。而且斟酒要快，上菜要快，三杯落肚，人人興高采烈，忙於過席飲勝，吃已是次要。不過，枱上的菜肴決不可少，唔食得都要睇得。更重要是開席要準時，出菜流程更要快速順暢，按時完成任務，做足這些工夫，宴會便能賓主盡歡了。」

區區把老友之言細心琢磨，也覺不無道理。我們赴宴人人口中不是都稱為「去飲」麼？「宴」的主角是「飲」，「食」只是配角，正如大家一開口便說「飲食」一樣，從未聞有人說成食飲的。

舊情懷・新風氣

接到一張請束，上有「百載香江歲月，餐飲情懷不變」的句子，區區不由觸緒萬端。儘管情懷不變，叵耐香江食風則已經大異了。

百載香江、昔時的「石地堂鐵掃把」的硬打硬作風今已蕩然無存，滿目滔滔盡是有名無實，甚至以假亂真的歪風。這也不限於餐飲，我們的教育何嘗不也如此？

對那些滿紙浮華名詞的豪宴，區區固然沒有甚麼幻想，也不忍深責，正是「一分錢一分貨」買賣人斷無賣田賣地為閣下口福之謀的道理。

可悲的是，賣者「雞食放光蟲」──「心知肚明」，買者卻懵懵然還以為「有着數」，吃過那些有名無實的「美食」──「美其名之食」居然以為「曾經真箇」了！

有一位剛從「人事部經理」職位下崗的老友慨乎言之：「近年

求職者的學歷都不能作準，面試經歷寫下來可以輯成十卷八卷『笑林廣記』。」

像我們這一輩懷着滿腔舊情懷的老頭子面對着當今新食風都有「食前方丈無下箸處」之歎，只有指點江山話當年，拚着被人暗罵「老鬼扮嘢」了。滿腔舊情懷的老頭子也非堅持抱着殭屍跳舞，主張墨守成規，不謀進步。但變須有理，改要改良而非改壞。

「嶺南大學同學日」夜宴人會堂之夕，區區便頗欣賞那「沙律銀鱈魚」，吾妻大以為奇，因為區區素惡鱈魚味寡有彈冇讚。

但此菜登筵卻比蒸全魚更為理想，一避免了骨肉支離如撈貓之狀，件件端整分得乾淨俐落，起碼在「目食」的層面博取了很高的分數，魚炸得香脆可口且有沙律助陣，也不再去斤斤計較魚味厚薄了。

「口之於味有同嗜焉」，但也有不同好，例如堆一團「生拆」蟹粉在蒜茸包之上的吃法，區區便敬謝不敏了。

廢話文化

　　一位台灣外省作家談飲食文化與方言文字提到「埋單」，指是主人請客不讓客人搶先付賬，又不欲讓客人知道花了多少錢，伙計把賬單秘密埋於小盤之上，故稱「埋單」，有人說成或寫成「買單」，那就錯了，不是原意。

　　這位指正人家的先生他自己其實也亦錯了。「埋單」之「埋」，與「埋數」和「埋櫃」之「埋」都是計總數之意，故叫「埋單」即是計總數，一如法文之addition焉。

　　這本「行政院文化建設委員會」編印的大作打着「藝術與文化」的招牌，內容卻十分兒戲和充滿低級趣味，如談廣州飲茶，竟編造出把售點小妹編組：

　　胸部平坦像機場者專賣蘿蔔糕，乳房初初發育者賣燒賣，乳房「小豐滿」者供售叉燒包，乳房較大號則賣雞球大包……。

　　滿紙胡言，簡直是活見鬼了！

何況點心女郎是五十年代之後才出現的香港產物，廣州非發祥之地，連這也搞不清可謂混帳。

　　書中提到台灣曾經有一張貴得驚人、相當於一輛國產小汽車價錢的菜單，共十一道菜：一、大紅片皮乳豬全體（香脆絕倫）；二、玻璃明蝦玉球；三、生猛響螺片（螺肉每斤能用的只有一兩，需要十斤）；四、原燉克雞大排翅（大排翅是著名的天九，費時費力）；五、豉油皇乳鴿；六、蒜子堯柱脯；七、紅燒雙冬水魚；八、蠔汁雙頭大網鮑片（一斤鮑魚得兩頭，半斤一個，成本極高）；九、清蒸雙立魚或老鼠斑，可遇不可求也；十、冰花燉哈士嗎（乃癩蛤蟆舌頭肉，用火燒取其吐出之舌，得之匪易）；十一、太極鴛鴦飯（是加入火腿、蛋做成的揚州炒飯，多以明蝦所打成的白汁及蟹油所熬成的茄汁鋪陳於飯的兩旁成太極圖狀）。

　　且不說此單結構菜式配搭次序殊不高明，作者強作解人的按語更是笑話之至，簡直是廢話文化！

2 河海之鮮

順德蒸魚,半肥瘦 肉絲. 菇絲
中山蒸魚, 白油欖角,麵豉

煮魚

　　香港粵菜精於蒸魚——而且十居其九是「豉油王蒸」——連最基本的清蒸——配火腿、菇片、薑葱蒸——也像煞有介事地號稱為「古法」了。

　　其實珠三角一帶家鄉風味蒸魚花樣繁多。舉一個例：敝邑順德常配「桂洲江南正種頭菜」、半肥瘦肉絲和香菇，中山則喜用白油欖角混和麵豉。一清一濃，滋味不同而各自精采。

　　順德桂洲種植和醃製的頭菜其貌不揚，個子小而皺皮，可是有淡口、溏心、芳香、冶味之妙。吾友趙總新春攜小女兒來香港迪士尼樂園遊玩，攜了這鄉土風味名產作手信，忒是物輕情重，可貴之處尤勝饋我以燕盞之類。

　　去歲託朋友去採購「桂洲江南正菜」買回來的是「均安大頭菜」，雖然「均安大頭菜」與「均安魚餅」都是順德土產，但「大頭菜」與「正菜」風味可不一樣，外行人不知但憑外觀往往會取

「均安大頭菜」而捨毫不起眼的「桂菜仔」。

　　「均安大頭菜」與鄰近地區所產的「荷塘沖菜」相近，製牛肉餅加些許沖菜粒分外冶味。幾十年前兒童把《義勇軍進行曲》的「中華民族到了……」一段戲改為「沖菜牛肉剁爛……」唱到家喻戶曉，而今成為國歌自不宜再拿來開玩笑了。

　　順德人烹魚除了蒸、煎、炸外更還常會炆煮。比方說頂豉、豆腐泡、毛瓜仔炆鯇魚心、五柳酸甜汁煮大魚頭都是滋味不俗的家常佳饌。

　　還有一個好菜是炸香水麵筋炆雙腩，水麵筋撕碎炸透，燒腩和魚腩都切骨牌形。先炆煮麵筋與燒腩，後加煎香魚腩一熟便立即勾芡起菜，可隨意加鮮菇㧔或花菇仔均妙。

　　說起煮魚甚懷念陸羽大廚梁敬當年的豉汁涼瓜煮三鯠，那原汁原味的天然真滋味，豈是時下庸廚假味劣作可比。

三三制

《陋室銘》云：「山不在高，有仙則名；水不在深，有龍則靈。」區區狗尾續貂加上：「店不在大，有廚則成。」

幾個月前在高街祥發蒸一條逾三斤的黃皮老虎斑，捧上桌時順口交代一句：「大家起筷從邊食起，慢慢吃到魚心厚肉處便堪堪離骨了。」

我們依照指示行事，果然把一條逾三斤火候恰到好處的黃皮老虎斑吃得一乾二淨。對廚中高手火候判斷拿捏準確連後熟過程也計算在內的超卓本領眾口交譽大讚：「果真是好工夫！」

元宵夜吾友葉玉樹兄招飲。他與一眾桃李歡聚，自來釣口油斑與馬友各一。前者近四斤。後者更是五斤過外，有此難得釣口海上鮮可真口福不淺。

油斑兩味，炒球、紅燒頭腩，火候與芡頭俱臻上乘，不失名店本色，硬要雞蛋裏頭揀骨，斑球稍欠尚帶些微溏心的化境。

那逾五斤的馬友上桌，承蒙大家敬老讓區區帶頭進攻，也不客氣取魚鮫及對下腩肉一家三口分了。

白油欖豉蒸馬友肉嫩味鮮，滑膩無匹，如此雋品着實難得。

轉了一圈吃光了魚腩與魚脊肉及至魚心部位發現尚還未熟，囑咐拿回去淋沸油，再出場魚肉色竟然尚呈嫣紅！

逾五斤的馬友充分享受了三分之一，勉強消受了三分一，倒有三分一浪費了。

這麼大的馬友不宜冒險犯難原條蒸之，倘若斬件——每件厚約半吋而蒸的話，將會是另一番光景，為大家平添無限口福了。

不知始自何時一般港廚以為游水海鮮只有原條蒸一途，區區歷來最為反對。圍內大食會例必吩咐碎蒸，既減少廚人撞板暴殄天物之危，又方便分菜免把好好的一尾海鮮弄得支離破碎活像餵貓的樣子。

初探斗門

區區吃了幾十年「斗門大蝦」，到最近才「初到貴境」，見識了斗門海鮮名產的真面目。

說來更奇妙的是幾年前本來有機會去飽嚐一頓斗門名產——一家得獎的海鮮酒家盛意拳拳邀請過去「指教」一番——可是突然爆發「沙士疫潮」把口福轟得煙消雲散。

最近雜誌的小朋友要介紹珠海的「唯靈東方食府」，問有何「皇牌」？

區區告訴他：「隨緣河口鮮。」

「東方食府」的廚師依照法國廚行傳統每早去斗門漁市場採購，不限於龍脷、海䱽、海鱸、風鱔等「貴客」，花魚、白鴿魚、獅頭魚……等河口鮮也「拔尖」掃貨量材而用。

斗門的漁市場比區區想像中進步得多——雖然地面仍然濕滑——規模也亦不小，這天我們除了土產小魚、蝦、蟹之外還有不錯

的收穫：購得八條「三指本海細鱗龍脷」、一條六、七斤的游水海鱸、漁家自曬的奶魚乾——煮鹹菜頭據説有奇美之味。

「三指本海細鱗龍脷」是當地人一向珍視的雋品，更妙的是價廉物美，因為體態纖秀未堪登盤以薦華筵，故與名品如「金邊方脷」比也就便宜得多，但也要十幾二十元一両，相對於其他魚類也不便宜了。

所謂「三指」是指魚身約與併合當中三隻手指的闊度相同，每條約重六両，正是恰到好處的斤両。

海鱸則一熟兩生三吃：一、撈順德魚生；二、薄切刺身；三、香煎頭腩。

順德魚生的魚片須薄如蟬翼，迎風欲飛，入口酥融嫩滑無比。

日式刺身薄切卻宜稍厚，厚才有彈牙的口感。這天兩者都恰如其分，廚師刀章精妙，值得一讚。

奶魚乾因近期濕度高，日照不足，未夠乾身而偏鹹，甚失望。

南北春鯿

「春鯿（鯿）秋鯉夏三鯠（鰣）」，而今鯿魚最是當時得令。

真是不時不食，早幾天吃了一扇「清蒸鰣魚」便不覺有何妙處了。

今春尚未吃過春鯿便趁圍內好友在會所作局着廚人去找一尾肥大的鯿魚以白油欖角、紅椒絲、蒜茸、磨豉蒸之。

油欖角蒸鯪魚腩或鯿魚都須佐以蒜茸磨豉、紅椒絲才能發揮和味的魅力，而且欖角須橫切成粗絲，以削片糖和花生油拌過滋味始佳。

一回嘗以來自中山白油欖角付廚人蒸魚，<u>竟然用了三四両原隻欖角鋪在魚上，真教人啼笑皆非</u>。莫非年輕一輩的廚務人員連欖角也沒有吃過？

許多傳統菜近年變得面目全非，那天在一家上海小館子叫了一碟烤麩，竟然是切得方方正正，灰灰白白像冰豆腐似的物事。既炸

不透、味也不夠，色、香、味、口感全不是那麼的一回事。難道製作者連烤麩也沒有吃過？還是自作聰明要來個「創新」，加以「改良」？

鯿魚是廉而美的淡水魚，名氣也大，可是在香港卻偏受冷落，主要是許多人怕牠多細刺，家有老少或不擅吃多骨魚者便敬而遠之了。

鯿魚之美在甘腴的腹部，和背鰭側的一條嫩滑脊肉，這兩個部份都無細刺老少咸宜。只吃了魚腩與魚脊肉已值回魚價有餘，更何況剩下來的可以納於魚袋熬煮蘿蔔湯也甚鮮美可口。

經常出差去武漢公幹的朋友提起「武昌魚」——鯿魚——都怕怕，可能是炮製不得其法。

淮揚菜有「水油浸鯿魚」的妙法卻是雋品。以等量的水和油文火保持攝氏九十度左右的沸點下熱度把整尾魚浸熟——以浮起為度。此法一般用於肉質比較細嫩或斤両較大的魚，風味比武火蒸更勝一籌。

廉美的魚鮮

今春吃了幾回「白油欖角、蒜茸、磨豉、紅椒絲蒸春鯿」都是每尾逾斤的大魚,肉質不及記憶中一斤以下者嫩滑,魚味似乎也亦稍遜——雖然在香濃調味料的掩護之下不易察覺。

那天自己去街市買魚方知往昔吃慣的珠三角銀鯿已成絕響,這幾年只有因被毛澤東御筆品題過而聲名大噪的「武昌魚」黑鯿,怪不得風味有異。

淡水魚價錢之廉宜程度實在匪夷所思,生猛活跳的鯇魚與鯿魚只是十幾元一斤,遠不及往昔被目為賤魚的紅衫、牙帶、大眼雞(紅目鰱)等鹹水魚。

我們上一代南番順人對鹹水魚頗有偏見,認為性帶「濕毒」,不及淡水魚鯇、鯪、鱅等「正氣」,不像我們這一代香港人唯海鮮是尚。

淡水魚鮮的品種遠不及海魚的多采多姿,但珠三角一帶對烹調

淡水魚的方法卻五花八門不一而足，單是蒸魚便有許多不同配料，因材而施，風味各異，絕不是獨沽一味「豉油王」蒸魚那麼單調。

就以最簡單不過的蒸鯇魚為例，梅菜心蒸與鮮人面、磨豉、辣椒蒸便有截然不同的滋味。

酸筍、辣椒、麵豉和蒜頭、豆豉、辣椒蒸魚魂雖然都是香濃味型，但卻是獨標一格，各自精采。

至於清蒸鯪魚只能以長蔥墊底，上加陳皮絲而忌落薑，熟後才先加「頭抽秋油」繼濺些須沸滾花生油箇中更是大有學問。

鯪魚忌薑，以其可以引發泥味，故只能以陳皮的幽香來辟魚腥之氣。

「頭抽秋油」是指經過酷暑三伏天曝曬到秋天才剛釀成的新鮮豉油，第一次抽取的原油謂之「頭抽」，以其色淺也稱「白油」，亦即是而今叫「淺色醬油」或「生抽」的豉油。

古法潮州炊鯧魚

禮失而求諸野，海外華人社群保存許多在中國以至港澳地區已經湮沒的傳統文化習俗風尚。

區區經常下南洋的歲月對吉隆坡的客家菜、新加坡的潮州菜、檳城的福建菜最迷醉，並非甚麼特別難得的美味，只是那世代相傳的故鄉地道風味着實令人迷醉。

過埠華人身在番邦心懷故國，對鄉土風味特別珍惜，這些古老菜式便成了寶貴文化遺產留傳下來了。

最教區區擊節讚賞的新加坡皇家山腳水廊頭（River Valley）巴塞發記的潮州生炊兜底鯧。區區在香港著名食肆照辦煮碗雖向廚房詳細交代配料、刀章、火候等關鍵性細節，但來來去去都難有一回稱心滿意。

反而自己下廚弄出來的更為接近當年發記的風味。

發記的潮州「生炊」鯧魚與我們順德的「蒸浸」一脈相承，異

曲同工。兩者都是採用「帶湯蒸」之法，亦湯亦菜，別有一番風味。

其法也殊簡單，最好得斤許的鷹鯧，在背鰭下刀平割至脊骨，插入浸淡鹹菜片，平底有邊不銹鋼淺盤置幾條長葱，放下魚，下凍鮮湯至堪堪浸過魚面為度，加酸梅三數枚、芫荽兩三株、紅辣椒一隻、香芹數段、粗切肥肉絲十條左右。猛火蒸十五分鐘，此菜芳香鮮冶，鹹酸微辣，魚肉爽滑，魚湯可口，其他甚麼方法烹調的鯧魚通統都要靠邊站。

在香港吃的「潮州蒸鯧魚」最易犯的忌是：魚太大、湯太少、味太鹹。

最教人生氣的是十居其九陽奉陰違不是「蒸浸」，而是乾蒸之後再加湯，配料與鯧魚貌合神離起不了和味的作用。更有自作聰明、自以為是者竟然着膩勾芡的，真該打八十大板也！

和順魚

　　改革開放後廿幾年來在珠三角吃了許多回和順魚。對這種「四大家魚」——鯇、鱅、鯪、鯉之外的淡水魚印象頗佳,以其肉滑而味也不俗。

　　最近與鄉親聊起方知道「和順魚」得名之由來,也才認識原來就是在淡水魚中地位相當高的白魚。和順魚正式的寫法是鮊,又名為鱎。白之得名因其色,鱎是以其頭尾向上蹺。順德人因其魚頸拗起的特徵一向喚之為「拗頸」。上至百齡人瑞,下至三尺之童無人不識,但一提起「和順魚」則許多人會一頭霧水了。

　　意見不合而起爭執的口舌之爭俗語也稱「拗頸」。歡喜冤家小夫妻更常難免,故善頌善禱者祝福新婚夫妻感情融洽不起爭拗謂之「夫妻和順」,由此引申也就把「拗頸魚」美其名為「和順魚」了。

　　和順魚以其肉質細嫩,火候掌握必須精到。稍一過火便失嫩滑

妙趣，故火須猛而時間愈短愈好。

有經驗的廚師蒸魚例蒸九成熟，留有餘地藉淋灒沸油和後熟過程完成餘下一成方有堪堪離骨嫩滑鮮美的高味。

順德蒸魚高手更常捨一般常用「側放平蒸」之法而把背鰭朝天立放碟上而蒸。如此一來全條魚接觸蒸氣面廣受熱均勻更為易熟，可以減省蒸的時間確保肉質嫩滑之外更還保存更多鮮味。

順德廚師認為以此法蒸和順魚最能突顯其嫩滑鮮美的佳妙之處，和順魚味清鮮不可用濃味配料，故古法多以香葷（俗寫作信）、肉絲、江南正菜與薑葱清蒸。

一般而言魚身較厚魚肉較豐滿的魚都宜用此法，但如龍脷、鯧魚、鯿魚之類的扁身魚自然仍以側放平蒸為正路了。

烹調之道貴乎因材而施才能盡顯其美，不宜墨守成規一成不變。庸廚但知盲從附和東施效顰自難免畫虎不成反類犬了。

小姐遜丫鬟

老人家説：「好揀唔揀，揀着個爛燈盞。」

吾妻在意大利餐廳經三十分鐘考慮之後選了炸龍脷。

那二百六十八元一客的炸龍脷柳乾硬如柴，淡而無味，勉力而為吃了兩件，餘者無論如何也啃不下了。

吾家小女試了一件也説還不如「麥記」魚柳包的魚柳。

可是她媽媽説：「魚雖差但配菜很好。『雅之竹』夠嫩，烤甜椒好味，橄欖很香，新薯也可口，不點這個菜自己根本便不會買來吃了。」

這是天生快樂人的樂觀態度，説起來也亦有些道理。最明顯的例子是「雅之竹」，這是artichoke的港式稱呼，正式的中文名字是菊芋或朝鮮薊，此物甚粗生故在歐洲很便宜是餐桌上尋常配菜。

物離鄉貴在港自然身價不同，超級市場的菊芋乃貴價一族進口貨自不待言，往往擺賣到由綠變黃再變褐色也無人問津。

道理很簡單，不識者一見像菠蘿而長了渾身鱗片的怪模怪樣不會買，識貨者一見了那貴得離行離列的價錢更不會買。

　　故近今連高檔超市也愈來愈少見這種貴價一族進口蔬菜了。

　　整個菊芋只有最嫩的底部可口，每瓣鱗片只有邊緣一圈白色的部份可吃。

　　區區當年有一位女友一瓣一瓣剝菊芋鱗瓣蘸溶牛油啃吮可以玩足大半個鐘頭，區區吃完半打生蠔等她等到頸也長了也還未有主菜可吃！

　　菊芋也可以獨當一面作頭盤，除整個焓熟逐瓣剝吃之外，可取底部加雞粒或龍蝦粒焗芝士梳扶厘。

　　下次去光顧頂級西餐廳不妨點個Artichoke Bottom Reinc de Feed考一考餐廳經理。

本海海鮮

　　吾友葉Sir玉樹兄放下教鞭多年，但對滿門桃李仍有非凡凝聚魅力，離校二三十年的學生一呼而集便十幾廿人同枱吃飯，愚意以為如此風範方不愧為人師表。

　　葉兄好垂綸對鄰近水域的海鮮瞭如指掌，而且熟悉門路不時可致珍稀雋品。最近約敘於滿福樓，當日在西貢找不到好魚立即傳語青山卒張羅到淺水紅斑及俗稱為「牛屎鮫」的海黑鮫與油斑各一。

　　滿福樓的廚師蒸得恰到好處，充分顯露野生海魚的肉滑味鮮風采，而今大行其道的飛機貨東星斑頓然相形見絀。

　　資深食家一向器重「本海海鮮」，所謂「本海」是指香港鄰近水域，尤以「西邊」貨為佳。「西邊」是指珠江口一帶海域，以水質鹹淡適中，浮游生物豐盛為海產提供美好的生態環境，故一切魚貝海產特別質優味美。

　　而今市面大路海鮮，養殖者不提也罷，「飛機貨」也乏善足

陳。五星酒店花了不少錢裝置先進養海產的設備招待傳媒參觀並強調活魚都是空運進口貨為賣點,當真笑大知味食家之口。

盤中飧風味高下半取決於先天條件,物料品質優劣是最重要關鍵。

各幫各派各有所長,如粵廚一向擅烹調海鮮不長於炮製冷菜,捨己之長去趁時髦胡搞非驢非馬的fusion菜徒自暴其短,吃力而不討好。

因材而施也是另一個重要課題。如游水海䱥宜蒸亦宜煎——當年上環國民酒家的「煎封(烹)黃腳䱥」膾炙食家之口——直板雪貨便要另行設法借助他山方能藏拙。

東洋料理的鹽燒,西餐的牛油、檸檬、白酒燒焗,以至於作咖喱魚都不失為好辦法。

許多價廉雪藏海魚落在良廚之手炮製得宜風味不遜於游水的星斑及花尾鷹。

容龍群鮮會

「魚癡」葉Sir大清早來電報喜：搭通天地線張羅了「本海孖指龍蝦」和分別來自西貢、流浮山、青龍頭的「釣口黃腳鱲」約聚於容龍作「群鮮會」之局，如此難得的口福怎容錯過？

座上除一眾葉Sir高足之外，還有一位特地從廣州而來赴會的稀客——他的四十餘年釣友劉伯。

據說此公有「特異功能」一吃黃腳鱲便知來自何方絕不會有誤。

乍聽之下似是故神其說，但細談之下卻知大有道理。雖是同屬西邊海域，青龍頭與流浮山的生態環境各異，對魚的風味便有不同的影響了。

流浮山黃腳鱲體態較豐、肉質較滑，但近腹部隱約有泥味，因流浮山水域屬淺海，浮游生物豐盛，魚兒好口福利於長肉，但海床是泥底故略帶泥味。

青龍頭一帶水深流急，海魚活動量大，肉質便較堅、口感較爽！

　　吾家小女對容龍的「芝士本海龍蝦」十分喜愛，「孖指龍蝦」是指雌性小龍蝦，肉爽滑而膏豐，大而無當的「澳洲花龍」望塵莫及。

　　區區也甚欣賞這芝士香脆而肉嫩滑的fusion佳作，容龍幾十年來以此和煙鯧魚馳譽，不但開中西合璧的融合菜之先河，也為中西合璧融合烹調樹立了典範。

　　來自西貢的海鮮除黃腳鱲外，還有傍晚才釣得的幾隻鮮魷，由於數量有限只好分甘同味切碎了加馬蹄剁肉餅，一蒸、一煎都能充分顯露生猛鮮魷既冶味而又柔韌可口的美妙之處。

　　瀕尾聲談起容龍的另一fusion菜美籃炸雞（Chicken in the basket），這是當年陸海通酒店系的名菜。五、六十年代我們在灣

仔六國飯店的仙掌夜總會「打躉」之時，便經常點這個時髦菜作下酒物，不知而今的六國飯店可還有這個招牌菜否？

北角名菜

　　五、六十年代是北角夜生活的黃金時代，舞廳、夜總會、食肆一片熟鬧。食在北角味兼南北，多采多姿。就是魚魂羹也有北大與新遠來各領風騷，食家以為一時瑜亮難分軒輊。

　　北大以「鴨腦魚魂羹」為標榜，是鴨腦還是豬腦不必深究，總之食家都喜其香滑可口。後來新北大也有賣這個招牌菜，但不少顧客聲明不要鴨腦，因為新時代的衛生食家認為鴨腦、豬腦含膽固醇分量高，畏之如蛇蠍。

　　新遠來是廣州名店，在西關西來初地，以魚魂羹和雞片魚滑馳譽，吸引許多達官貴人不惜降貴紆尊來光顧，據說「南天王」陳濟棠也是座上常客。

　　北角新遠來初期也以這兩個名菜為招牌，還有特別食具來配合雞片魚滑，備有盛沸水的錫鍋承托鋪滿魚片的瓷碟，席前傾下熱辣辣的油泡雞片與魚片拌勻而食。其時對「肝吸蟲」並無所聞，吃鯇

魚片魚生者尚大不乏人，經滾熱雞片拌過，更有熱水鍋保溫自然教人更放心大嚼了。

新遠來的魚魂羹強調原日羊城風味，除了有豬腰片、豬膶片之外，據說尚有一招秘技是用泥艋熬湯故特別鮮美冶味。

自瓊樓、金舫、都城、麗宮等夜生活去處風流雲散，不但北角的紙醉金迷的夜生活劃上句號，新遠來和北大這等曾經有過一番輝煌的食肆也相繼告別江湖，回首當年教人不勝感慨繫之。

江南風味的「拆骨魚頭」也頗受嗜吃鱅魚頭者歡迎。不過南北風味不同，兩者之間差異頗大。

以區區個人口味而言，比較喜歡粵式的魚魂羹，以其比較清鮮，沒有拆骨魚頭那麼濃膩。

近年依新遠來的版本加涼瓜青指甲片作「翡翠魚魂羹」，別有風味也大受友儕歡迎。

玫瑰魚絲

雲南玫瑰大頭菜絲炒桂魚絲雖然不是傳統的江南風味，卻是把淮揚廚藝的精妙刀工發揮得淋漓盡致。

一條僅比火柴桿略粗的勻稱魚絲堪堪僅熟，口感嫩滑尚帶些柔韌的嚼勁火候的掌握真妙到顛毫；只要稍一過火不但肉老而且勢必碎斷，別說滋味賣相也一塌糊塗不成樣子了。

這個「玫瑰魚絲」且還帶炸得香酥的頭尾一併上桌，對於酒徒而言則更是佐酒的恩物矣。不過以個人管見尚有美中不足之處須得改善。

便對靚女部長說：「告訴蘇師父，這個菜倘若換過一隻大兩吋的長碟起碼可以多賣三幾十元。」

這個菜的美中不足之處是料太多而碟太小，一堆魚絲和魚頭魚尾擠在一起，觀感上便覺有些侷促，賣相弗好看矣。

三個人在「蘇浙」午膳除了這個下酒菜之外只要了「兩隻毛豆

醬炒六月黃」和「茭白、百頁結、紅燒肉」，一碗「陽春麵」分享也便夠了。

吾友「福茗堂主」與區區難得沒有女兒在旁監察得以暢情擇肥而噬開懷痛啖，齊齊頻讚紅燒肉肥美好味，絕對不讓幾十元一百克的日本黑豚。

美食之道材料質素固然重要，調味與火候更是菜肴風味高下之關鍵。在良廚手中平凡物料可以成為有非凡滋味的美饌，美材遇人不淑甚麼也完蛋了──新派粵菜的「煎花瓜」便是一個典型的例子！

紅燒肉的造法有多種，但調味很簡單，只是醬油、糖、酒。不但調味料的優劣是個關鍵，分量比例，下鍋先後次序對風味都大有影響。

火候的文武緩急如何掌握也亦是另一個重要因素，並非煮多少分鐘那麼簡單。

最基本的還是肉的本身必須肥瘦適中，件頭大小厚薄得當才得成大器。

葡國焗沙甸

最為人所熟知的葡餐魚是「馬介休」Bacalhau和「沙甸」Sardines。

「馬介休」乾硬如木石其鹹無比也沒有甚麼鮮味——總不能與我們的鹹魚相提並論——而近年變得甚為昂貴的東西，區區一向對它無甚興趣，更曾謔稱之為「百家嬲」，朋友也說比「馬介休」更為貼切。

沙甸堪稱為葡國國魚，世界罐頭沙甸工業葡國執其牛耳，每年春夏沙甸魚汛來時遍海銀光閃閃，尤以四月季初最為肥美，舉國上下不分貧富都暢懷大嚼這價廉而味美的時鮮。

那天在高檔超市看見有很鮮明的冰鮮沙甸買了四條自己動手炮製地道的家常葡餐Sardines Assadas乾焗沙甸，方法簡單而風味不凡。

沙甸打鱗，不要開膛，淡鹽水洗淨，用一湯匙鹽塗勻，入冰箱

醃兩小時。取出抹去鹽，涂上一層橄欖油。

洋葱一個切圈。

青紅椒各一，剖開去籽切幼條——約三根牙籤那麼粗。

燒熱不沾鑊，把沙甸烙至兩面焦黃，移置熱碟。灑酒醋一湯匙，橄欖油一湯匙。

少油爆炒青紅椒及洋葱至斷生，灑鹽。圍繞沙甸作伴碟。

拌一個Green Salad開一瓶冰透的Vinho Verde，便是一頓非常適意的一新口味夏日午餐。

葡國人還愛吃醃炸沙甸Sardines de Escabeche。小沙甸開膛炸香，洋葱、番茄、芫荽、香葉、橄欖油、酒醋、黑椒、鹽等煮透澆蓋在炸魚之上，入冰箱兩天才吃，是佐飯的美味佳肴。

沙甸可以生吃，區區在加藤常吃沙甸刺身，鮮冶滋味遠在秋刀之上。

意想之中可用醃炸沙甸之法拌沙甸魚肉丁，入冰箱凍透了作葡式沙甸刺身滋味料也不俗。

新五柳鯇魚

　　清浸地下水養殖的「席頭鯇魚」味道甘美、肉質嫩滑，人人讚賞但異口同聲抱怨吃得不夠癮。

　　「席頭魚」即介乎斤半與兩斤之間，如此斤両的鯇魚忒是雋品。食諺所云：「老魚嫩豬」其實值得商榷。魚太老則肉粗——例如龍躉，其美在翅、在尾、在下顎、在腸、在扣（胃），肉則為知味食家所不取，只有零沽賣給家庭煮婦。

　　豬太嫩不但肉薄且乏口感，如泰國乳豬便絕不及荼豬的風味了。

　　鯇魚達三斤便欠嫩滑，如脆肉鯇魚除了脊肉切片焯食之外餘無足觀了。

　　但而今市面鯇魚俱是龐然大物，席頭魚難得一見。

　　一條「席頭魚」一席逾十人分享也確薄了一些，下回當兩條齊上來個「雙喜臨門」的「五柳鯇魚」。

傳統的五柳料是：紅薑、白薑、瓜英、蕎頭、錦菜五種醬菜絲。區區認為沒有甚麼可取，何況而今的大路醬園貨品質如何更是大家心中有數。

　　索性來個新版本五柳：青椒、子薑、蕎頭、香芹。

　　全部切絲之後加蘋果醋、鹽、糖拌勻醃三十分鐘，候用。

　　酸甜芡汁是五柳菜的靈魂，時下一般食肆之作多不堪入口，罪在醋劣。

　　故區區一向勸友好摒絕醬園劣醋，改用蘋果醋、加約三分二分量蔗糖、食鹽少許、約三分一分量的茄汁、喼汁、老抽各一茶匙。酸甜均衡，味道醇和而有深度，此法是永吉街時代陸羽主廚梁敬「秘方」。據他說下鹽與糖先後也有竅門，必須先鹽後糖，次序顛倒便味道不醇了。

　　酸甜芡汁煮好攤涼放在冰箱，可耐久存分多次用。

鯧魚家常風

　　自從現代漁船冷藏設備完善，漁穫出水後立即進行急凍處理保鮮程度遠勝往昔靠生雪冷藏時代，在相熟的魚檔買鷹鯧從來很少撞板。

　　每吃蒸鯧魚便想起當年新加坡皇家山腳水廊頭潮州巴剎發記生炊「兜底鯧」的高味。也曾把潮州生炊鯧魚之法傳給香港廚人，但終究無法重現當年風味。

　　吃厭了東星的饞友指定要吃鯧魚，但出個難題不要煎烹，不吃沙律煙燻，也不要炒球酥炸骨伴。

　　經過一次又一次失望之後，區區不敢再試潮式生炊，結果還是老老實實地來個豉汁檸檬豆泡蒸鯧魚。

　　先把豆腐泡開邊加些須白醋滾過，洗淨油膩擠乾水分放碟上承托鯧魚。

　　豆豉、蒜頭、辣椒、陳皮、鹹檸檬都剁成茸，加削片糖、紹

酒、豉油、麻油拌勻，鋪滿魚面。作料分量隨口味喜愛調整，但鹹檸檬不宜太多，半個足矣。猛火蒸後撒大把芫荽澆下沸油，香濃豉味加上酸辣刺激。烘托出鯧魚的豐厚魚鮮滋味，可真比時下那些味薄的游水海鮮優勝得多。

那些飽浸了豉味與魚汁的開邊豆腐泡，鮮美軟滑可口忒是妙不可言。

開邊豆泡可以靈活運用於任何家常風味的魚饌，麵豉酸梅蒸鯇魚腩，蒜茸辣椒蝦醬蒸魚鮫都可以此或布包豆腐——要嫩滑可片去底面——墊底，使平凡的家常蒸魚平添新鮮食趣。

檢討在香港所吃潮式生炊鯧魚不理想的因由，相信與人數眾多選魚太大火候難以控制大有關係。倒要尋覓約在一斤左右者，自己動手一試。

儘管有「老魚嫩豬」之說，但不少魚是小勝於大，如黃腳鮨便以一斤上下者為佳。就是鯇魚也以兩斤左右為妙，五六斤的龐然人物便難得嫩滑了。

唯靈食經之 食德是福　　*87*

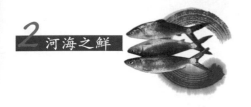

心目中的魚王

小朋友問：「你心目中甚麼魚堪稱魚王？」

區區毫不猶豫便答：「七日鮮，沒有其他可比。」

這當然純粹是個人口味問題，口之於味雖有同嗜，也亦各有所好，每一個人心目中都有自己的魚王。

七日鮮是比目魚類，其妙處在頭小、骨少、肉豐爽滑而魚味鮮美。

最妙的是嬌小玲瓏，最宜三兩知己隨意小酌，不像方脷那麼體態雄偉，須聚眾才能消受。

五六七十年代可真是香港吃近海海鮮的黃金時代。

七日鮮、老鼠斑、冧蚌、三刀、石蚌、方脷、青衣，然後才到紅斑、黃腳鱲，至於新貴如鬚眉、星斑之類，知味食家眼尾也不屑一顧。

其時真正知魚的食家最推崇珠江河口的「真流」三鯏，「真

東星・鯪魚・烏頭

　　東道主不惜腰間錢酒席也用上「東星」。

　　平心而論算蒸得很好了，可是始終難掩東星中看不中吃之弊。廚房雖能做到火候控制得宜、口感爽滑已很不錯了，其奈魚味淡薄如何出盡法寶去調弄那「豉油王」也難藏其拙。

　　再加上經過侍應分魚，入口之時，熱度消散幾盡、溫溫吞吞的魚肉風味難免大打折扣了。

　　吃魚要熱。這是小時候陪大媽吃飯領略到的「學問」。一到冬天，她最喜歡吃欖角、麵豉、辣椒蒸鯪魚腩、下墊豆腐，帶紅泥小火爐上桌，用三幾粒炭暖着吃，魚汁微沸，香氣四溢，未吃已然心醉。

　　近年在潮州酒家每看見人吃「明爐烏頭」便不期而然會浮現出小時候陪大媽吃飯的情景。

　　鯪魚與烏頭都是價廉而味美的好魚，鯪魚多細刺，烏頭卻是唻

流」有人說應寫作「正流」，是即日漁穫之意！隔日者便稱為「隔流」。

「真流」或「正流」是指冰鮮的海鮮，三鯠在初夏開始從海游入珠江產卵之前最為肥美。

明末清初屈大均在《廣東新語》中便大力推許以嘉魚和三鯠作魚生，有詩云：「羚羊峽口嘉魚美，不若鱭魚海目鮮，黃頰切來紛似雪，綠尊傾去更如泉」。

三鯠（鱭魚）加蒜頭豆豉煮涼瓜風味雋美無與倫比。但切記一不可打鱗，二不可先煎。

炮製其實十分簡單，先把涼瓜切件白鑊炕乾，爆香加蒜泥搗爛豆豉炒透涼瓜，三鯠放在面加水至堪堪浸過魚面為度武火燒沸，轉文火燜透，最後猛火收汁──切不可勾芡！這樣便大功告成了。

鱭魚宜連鱗蒸或煮，以保鱗下脂肪。

近年市面蔚然成風的鐵板鱭魚殊非正道。

唯靈食經之 食德是福　　89

啖肉可真是老少咸宜，但而今身價還在紅衫與大眼雞之下倒真是怪事。

　　十餘元已經可以買到一尾相當肥大的烏頭了。區區往往反食魚要熱之道而行，採最簡易之法用兩茶匙海鹽醃一小時後抹去，吸乾水，擱在一雙橫架於碟的筷子之上蒸十五分鐘，攤涼後入雪櫃冷藏一小時，剖開兩邊，擠些西檸汁辟除泥味，風味不遜蘸普寧豆醬而食的潮州「魚飯」。

　　烏頭脂肪豐富故可明爐煮而不老，但如喜歡潤滑者可以加些須橄欖油，愛刺激的不妨隨意下Tabasco。

　　一條凍烏頭、一甌油醋綠沙律、幾件蒜茸包、一瓶Cava西班牙汽酒，清清簡簡的一頓戶外午餐，享受一下天涼好箇秋可真不俗。雖然比春韭秋蔬閒茶飯豐盛，但也所費無多，隨分適意的飲情食趣其實也並不太難。

　　人在江湖去飲吃東星的時候多，更覺適意隨分閒茶飯的可貴。

大魚頭

　　街市滿目滔滔都是只賣十餘廿元一個的冰鮮大魚頭，據說賣到瀕臨收市之時會降價到十元一個。故區區去魚檔說要個生劏的大魚頭，賣魚的順德佬說：「要五、六十元嘸。」言下之意是可會嫌貴？

　　區區說：「無妨，只管揀大者開刀可也。」在小食肆吃一個魚頭煲等閒也要五、六十元了，斤許重的大魚頭才是此數，怎會嫌貴？

　　食家都認為鱅魚頭愈大愈好，「縮骨大頭」之所以比尋常鱅魚貴，端在那個「大頭」。鱅魚頭大不但軟肉肥美，魚腦也豐滿，連魚皮也亦特別厚重滑膩，其美味絕非十兩左右者可比。

　　區區烹製的家常魚頭甚簡單，誰也一學即會。大魚頭斬開兩邊，加元貝、排骨、天麻、薑片、紹酒，加沸水至剛好淹過魚頭為度，炖三小時火候已足。

元貝、排骨、天麻炖大魚頭不但湯鮮，炖透的魚頭飽浥了元貝與排骨的鮮味也非常味美。

　　區區往往在最後一小時才下出透水的排骨，因為利其味道與口感都遠比與魚頭同下為佳。

　　當年永吉時代陸羽茶室梁敬的「私伙菜」八珍大魚頭深受知味食家推崇，那是取「上八珍」：網鮑邊、花膠邊、魚唇、蝦球、肫球、鳳肝、叉燒、花菇，與原個大魚頭先炸至香酥然後再上籠蒸至骨軟再燴「上八珍」，盛以紅燒大包翅的大碟果真是個名副其實的大菜。

　　往昔吃網鮑片，每隻三、四頭的網鮑都要「起枕飛邊」──不要硬枕和菊花絲的鮑魚邊，花膠公只取當中最厚的部份，兩旁較薄身者付諸炖湯，兩者都歸「下欄」之列，切絲作蛇羹之料而已。炮製這個菜工夫多，時間長而收不到多少銀兩，故向不上牌。而今網鮑已成奇貨，花膠原隻計值，「上八珍」少了兩條台柱風味便不一樣了。

秋鯉

　　飲宴席上剛巧坐在區區的「健康守護神」謝德富醫生伉儷之旁，閒談飲食大家都懷念往昔盛極一時的薑蔥焗鯉魚，可惜的是近年已經絕跡於食肆。

　　區區答允寫出食譜教謝宅菲傭依樣畫葫蘆，雖未必能有當年風味但慰情也亦聊勝於無了。

　　薑蔥焗鯉魚其實甚簡單。竅妙在薑蔥都要重，鑊要大，水要多，火要旺。

　　一尾斤許的鯉魚起碼要六両薑，六両蔥，一次落夠水調好味用文武火收汁，區區個人喜歡連鱗不勾芡，因為鱗脆、肉滑，原汁原味倍顯家常風味的特色。

　　「春鯿（俗寫作鯾）秋鯉夏三鯠」，金秋鯉魚正當時得令，雌雄性腺發達，鰽（卵巢）膆（精囊）俱豐。先行取出蒸至僅熟弄碎炒滑蛋，一魚兩味精采無比。

薑葱焗鯉之外，有前輩曾傳「雙竹冬菇火腩炆鯉魚」之法，要文火炆兩小時，據云魚肉酥融香滑，遠勝焗鯉之方，區區覺得有理但自己尚未試過。

「雙竹」即枝竹與甜竹，前者須炸透，後者要微火煎香，且須後下，因不受火，煮十分鐘左右已足。

廣東著名的文岈（讀慶音）鯉區區雖久耳其名，卻未曾有此口福。據說此魚特別肥美，只宜以陳皮絲清蒸，不必落油。此魚特徵是頭小尾短身圓有三條金線。

區區一回吃過一條號稱為「肇慶文慶鯉」的全身金色貌似錦鯉的東西，字也寫錯，樣亦不似，吃來自然也不覺有何特別之處。

肇慶除了文岈塱鯉魚之外，尚有麥溪鯉也負盛名，可惜區區也亦無緣省識真面目。

勝地之所以出名魚，除有河水清澈之利，主要原因是也盛產野薺（麻茨子）的水中植物，水美糧足，故鯉魚便特別肥美了。

捨淡取鹹

　　「毒魚」愈揭愈多，一片風聲鶴唳之下，淡水魚商販欲哭無淚。

　　雖然區區深信專家所云那些有害物質「長期大量」進食才會危及健康，大家無謂杯弓蛇影相驚伯有，但是毒魚風波卻反映了監察食物安全機制大有問題，也暴露了一向因循苟且的官僚作風嚴重危害公眾健康，高唱強政勵治的政府必須從速作出補救，並整肅庸官惰吏以平民憤。

　　雖則不少人都有暫避淡水魚改吃鹹水魚的傾向，欣見魚販並未趁機加價，價錢比較貴的鷹鯧亦維持在八、九十元一斤的水平而已。

　　區區認為在不游水的鹹水魚中尋寶，勝似吃那些生猛的養殖海鮮──出問題的多寶魚便是這種貨色。鯧魚、馬友、黃腳鱲都是箇中妙品，尤以鯧魚更一向是可以榮登華筵的席珍。往昔星馬華人社

會宴客，菜單非有「兜底鯧」不成敬意，出到石斑便會被視為慢客了。

潮式鹹菜酸梅帶湯蒸鯧魚，風味十分高妙，可惜香港無論如何也攀不到當年新加坡皇家山腳水廊頭River Valley潮州巴刹發記的水準。

蒸鯧魚以斤許者為佳，大者切厚件煙燻或煎烹以至作酥骨伴油泡鯧魚球亦妙。

潮州人吃鯧魚最重鯧魚鼻，有「賣田賣地要食鯧魚鼻」的誇張說法，其實鯧魚骨軟，整個魚頭都非常可口，不限於一鼻而已。

馬友與黃腳鱲都是作「潮州魚飯」凍吃的妙品。當然兩者也是煎烹的良材，煎烹一般食譜寫作煎「封」。「封」非正字，也沒有意思。

煎烹是指把魚煎香之後，加入醬油、糖、酒、湯水，略為烹煮一會的烹調法。

「封」估計是從「烹」的北調南腔變異而成，以訛傳訛已久而今應是「撥亂反正」的時候了吧？

彷彿魚

媽媽「今晚打老虎」——學法文去了，兩父女在加藤撐枱腳吃日本料理。吾家小女先來兩件三文魚腩壽司，區區且來壺冷清酒潤喉，吃甚麼徐圖後計。

吃過兩件壽司，吾家小女道：「不餓了，這感覺真好。」

這晚有彷彿魚，區區未有吃過便來客刺身一試。是薄切的白魚片，比鯛更嫩滑，鮮味也不錯，絕對勝似但得爽口而寡淡無味的左口魚鰭邊。

再吃過兩小件鮟鱇魚肝，區區也亦已經不餓了，再叫甚麼頗費思量。兩父女商議下來終於要了一客酒煮油甘魚骹。這連接魚頭的魚身頂端有嫩肉柳藏於骨內是很理想的下酒物。

曾有老友頗不以為然，他說：「真敗家！付出凡百大元沒有甚麼好吃的，在灣仔幾十元便可以吃到狗頭那麼大的鹽燒整個章紅魚頭了！」

口味不同，要求各異，百貨中百客，區區但一笑置之。

鮟鱇魚肝是常吃的下酒物，此魚的廬山真面目只見過一次。

差不多十年前在沖繩一家居酒屋見刀手從吊起來像牛腩似的東西割肉，問日本朋友才知道是鮟鱇魚，因為肉質軟綿綿要吊起來才可用鋒利快刀割下。

區區以其貌不揚沒有胃口始終未有試過。

沖繩海域海產豐也多怪魚，區區吃過不但魚肉泛淡藍連骨也呈藍色的藍衣——青衣的表親——刺身，口感與味道均佳，風味奇美。藍衣、綠衣等雜衣，香港食家不屑一顧，偶有出現價亦甚廉，想不到生吃如此美妙。

多年前有朋友去鹿兒島，自助餐的魚生檔赫然有老鼠斑刺身，狂啖之餘回來逢人便誇口福，講了十年八載大家都耳熟能詳而他仍津津樂道。也許他不知南洋土著把老鼠斑曬鹹魚已屬司空見慣了。

魚不獻脊

區區向一個甚有交情的食肆老闆進言：

「須着經理教侍應一些基本規矩，不要失禮影響形象。」

事由宵來吃魚説起。老友在貴賓廳歡宴來自台灣的大客，侍應把一條蒸黃皮老虎斑擺放在轉盤竟以魚脊面向着主家和主賓，這是十分失禮之舉，作為有地位的名店不應有此失誤。

因為中國飲食文化筵宴講究禮數，上菜有一些規矩必需遵守，例如：「魚不獻脊，雞不獻頭，鴨不獻尾。」也就是説，上整雞、全鴨和魚不要把雞頭、鴨尾，魚背向着主家。

獻全魚要以魚腩向主家，據説這與歷史故事《魚腸劍》有關。刺客專諸把短劍藏在魚腹之中奉獻給吳王僚之時，突然發難從魚腹中取劍把他刺殺，故自此之後奉魚不可以脊相向云云。

這當然有穿鑿附會成分，姑妄言之姑聽之，也不必深究。事實上一般而論魚腹肥美少刺也宜以此奉嘉賓表示敬意。知己飯局無拘

無束不必斤斤計較這些規矩，但宴客場合便禮不可廢了。

傳統酒樓以酒席生意為主幹者必有「老師」坐鎮營業部，這些「文膽」一般都懂得基本禮數規矩，不像而今新派師兄除了識講「有乜幫到你」之外甚麼都不懂了！

近年新派食肆流行代客分魚之風，骨肉支離，熱度散失，教人食趣大減，等閒過千元一條魚，便給如此這般地糟蹋了。

就是聲明不必代分，侍應也慣把全魚剖幾刀起骨，嚴格而言也傷了「元氣」，怎似由腩與脊兩邊易熟部位慢慢吃進厚肉之處，經後熟過程剛達到堪堪離骨的境地，每一箸都在最佳狀態去享用之妙？

可惜的是而今明此正道者少，滿目滔滔多是盲從歪風之徒了！

食魚先看相

葉Sir飯局的特色是一眾高足四出張羅「本海靚魚」孝敬老師。早一陣子區區錯過了黃腳鱲之會，可幸還有躬逢西貢釣口方脷再加芝麻斑雙魚匯的口福。

那尾龍脷魚身豐滿，鱗片整齊閃亮，一看便知是新水靚魚，古法清蒸也蒸得恰到好處，取了半邊「和尚頭」——方脷魚頭十分形似——嫩滑鮮美，如此佳味睽違久矣。

吾妻突然低聲沉吟：「好像有火水味……」

區區再吃一口試個真切並無異味，便提高聲調道：「沒事。魚味正常。」

座上客又有反應：「鰭邊帶點火水味，魚肉不覺有事。」

本海靚魚經常遭遇到受污染海水影響的大殺風景憾事，方脷魚鰭細密更易受油渣雜味感染。可幸這尾本海靚魚受感染的部份不太多，未致完全敗壞了食趣，總算是不幸中之大幸了。

芝麻斑的體態也甚肥美，故而肉質也十分香滑。本海魚絕非遠洋水域、飛機貨所能比擬。是否有化學物殘留自是另一個值得關注的問題了。

　　這晚早訂了燻全鵝，一上桌區區當機立斷撤回，先吃了魚再作道理。燻全鵝是頭掌翼俱全之外，還有鵝肶、鵝肝和鵝腸（往昔還應該有鵝紅）。風味自比燒鵝更勝一籌，鵝雜更為眾矢之的，與頭頸瞬即被吃個清光。

　　方脷嬌嫩，必須魚身全美無傷始佳。一旦脫鱗帶傷，魚味便大打折扣，賣海鮮者不敢以此奉熟客，折價廉讓給小食肆算了。

　　要食好魚須得先學識看相，因為方脷的外觀與食味有甚密切關係。

　　據釣友云近今東邊海域黃腳鱲湧現，區區不禁想起深圳一位世侄。這位釣魚郎天未明出動，破曉回航等閒有幾十條收穫；是時候去探望賢侄一下了。

魚飯西食

淡水魚與鹹水魚相繼出現藥物殘留問題之後，朋友大歎食無魚，電視街訪出鏡的師奶也多數表示暫時不吃魚。賣魚商販生意銳減固然元氣大傷，加以消費者信心動搖更有長遠的不利影響，在普天同慶的快樂聖誕節中難免有斯人獨憔悴之歎了。

影響之下游水海鮮、本地淡水魚以至冰鮮雜魚都漲價了。區區以之作「魚飯」佐潮州粥的冰鮮黃腳鱲已從十餘元一條漲至三十元過外了。

「打冷」台柱「大眼雞」與紅衫近年身價愈來愈高，昔時許多人不屑一顧的賤魚今天也須另眼相看了。

「大眼雞」是俗稱，香港一般寫作「木棉」，應是「紅目鰱」之誤吧？

自從紅心鴨蛋出了問題，超市已停售鹹蛋，少了一樣重要粥菜，「魚飯」的地位更形重要了。

香港人最熟悉的「魚飯」是烏頭與「大眼雞」，更為潮州食家所推崇的馬友、鸚哥、金龍、黃腳鱲檔次便高許多。

正宗的潮州魚飯是在「老魚湯」中浸熟取出吹爽，魚湯愈老浸出來的魚飯味道愈加鮮美。

家廚沒有「老魚湯」，區區便採「生醃、再蒸、後吹」的三部曲炮製魚飯，滋味亦殊不俗，最妙者就是不蘸普寧豆醬也亦相當可喜。

區區之法殊簡單，用鹽擦勻黃腳鱲魚身內外，放在蒸架上，歷三小時左右流盡腥水，魚身乾爽，連架置碟上猛火蒸十分鐘，取出攤涼吹爽，入冰箱冷藏半小時便大功告成。

這不但是佐潮州粥的良伴，區區父女兩人有時每人一條，配黑橄欖、青瓜片、櫻桃、番茄，備海鹽、香醋、橄欖油而食，大有地中海風味。

開瓶凍透白葡萄酒加幾片熱呼呼蒜茸麵包，便是一頓很稱心滿意的午餐了。

有趣的誤會

世間水陸產物品類浩繁難以盡悉，故俗語有云：「魯班未識深山木，龍王難認海底魚。」

美國來客說起近年市面出現廉價的越南急凍fillet of sole比目魚柳，洋婆子始而以價格太便宜不敢買——因為一直以來比目魚柳是貴價貨，近今則已大行其道了。

Sole品種不同，風味與價格都大有出入，如在英國常見的Dover sole與Lemon sole，身價便有很大的距離。

比目魚類不下五六百種，從七日鮮、龍脷、左口、撻沙，以至最近出問題的養殖多寶魚和乾貨大地魚都屬之。

據專家說，比目魚雖精粗美惡不一而足，但總括而言分三大類：鰨、鰈和鮃。

我們許為「魚王」的七日鮮，不失為「貴族」身份的金邊方脷，以至「草根階層」的粗鱗撻沙都是鰨類；左口、多寶屬鮃類，

大地魚屬鰈類。

比目魚魚身扁平如履底，一雙朝天眼長在魚頭一邊故名。中國古籍早有記載：「東方有比目魚焉，不比不行，其名謂之鰈。」從而衍生出「左鰈右鮃不離不棄」，都是出於想當然的誤會，以為這種眼睛長在一邊的魚要兩條相比並肩而游才能辨認方向。

潮州人稱大地魚乾為鐵脯或方魚，相信「正字」應是「鰈脯」和「芳魚」吧？炸香芳魚生炒芥蘭、滑雞球固是潮菜一絕，鯧魚粥、紫菜肉碎粥以至魚蛋粉，灑上些須芳魚碎也便頓然平添活色生香的魅力。

粵菜的大地田雞，點心的乾蒸燒賣，雲吞麵湯，生滾粥的粥底都不可或缺大地魚。

往昔市面上發售的大地魚是一剖為二而相連的有皮有骨全魚，須撕去皮，炕至焦香或炸香才可入饌。而今市面所見多是無皮無骨淨肉，雖然方便許多，但香和味卻大打折扣了。

不游水的海鮮

比目魚中的龍脷有「尖脷」與「方脷」之分。後者比前者為佳,但得細鱗尖脷風味也殊為不俗。

大海野生方脷肉滑味鮮是海鮮雋品,海水養殖者貌雖似而肉質鬆散味薄,渾不是那麼的一回事,時下食肆賣廿餘元一両者便是這等貨色。

老實説與其吃這些養殖海鮮寧取保鮮程度高的「直版」細鱗撻沙。

不要小覷了那些不游水的「直版」海鮮,撻沙之外海鱲、馬友,以至池魚,都有可取。

鹽漬海鱲隔水蒸熟、吹乾了冷吃,滋味甚美,所費僅十餘元,風味絕不遜潮州館子等閒要過百元的魚飯。

煎烹馬友或麵豉蘿蔔青蒜煮馬友都有高味,絕對遠勝銀鱈魚和養殖三文魚。

新鮮肥壯池魚煎香了烹蒜豉青紅椒汁或酸甜辣汁非常冶味，食經作者前輩特級校對介紹過鹽水浸池魚蘸蠔油吃別有風味，他日當一試。

細鱗撻沙加蒜茸，舂爛豆豉和連殼沙蝦仔同蒸，鮮上加鮮之外更有奇香冶味，是所費無幾而口福無窮的佳饌。如與清蒸東星斑並列，區區想也不必想毫不猶豫便寧取此菜。

珠海和澳門常有機會吃到幾吋長的迷你撻沙，捲成筒狀以蒜茸豆豉辣椒粒肥肉粒蒸，是很精采的可飯可酒家常小菜。

澳門觀光塔對面的利安餐廳不時有酥炸迷你撻沙奉客，更是甚可口的佐酒小食。

區區個人對它的喜愛遠在「炸馬介休薯茸球」之上。

還有近年突然走紅的狗母魚——時下多寫作「九肚魚」——和獅頭魚都是價廉而味美的不游水海鮮。

狗母魚的英文叫Bombay-duck與象拔蚌的Geoduck一樣都非鴨也，但不知如何會拉上關係？

酥炸魚皮

半個世紀之前區區對魚蛋粉檔的「酥炸魚皮粗麵」情有獨鍾。

來一碗「蛋粗」加一毫子酥炸魚皮，狂落辣椒油，甚刺激過癮。

「蛋粗」是魚蛋粗麵，只消三毫子，一毫子「酥炸魚皮」另用小碗盛來也有大大的幾件了。

先說那粗麵，是鹹味很重的寬條麵，風味與羊城風味雲吞麵的全蛋麵不同，個人愛它特別爽韌而有嚼勁。

炸魚皮是刮出魚肉打魚蛋之後的剩餘物資，往往附有細骨和肉碎，炸酥了非常可口。而今市面的「炸魚皮」其薄如紙、無骨無肉，相形之下便顯得單薄乏味，與當年那粗獷但口感與味道都更豐盛的有骨有肉酥炸魚皮大異其趣了。

那時候區區寧吃鹹味粗麵也不食魚蛋粉，因為用倉底米碎製成的河粉每有陳味而且口感也沒有而今的軟滑。

往昔魚蛋檔的魚蛋、炸魚片、炸魚皮都是自製，老行尊說必須採用門鱔、九棍與布刀「三合一」始佳。三種魚的魚皮厚薄不同，炸酥之後風味也不一樣。

到七八十年代魚蛋檔已開始採用行貨，故當時我們吃魚蛋粉麵要揀有炸魚皮供應者。

近年連脆魚皮也是行貨充斥市面，這一招已經不管用了。

往昔魚蛋與鹵水牛腩牛雜和生灼牛肉牛丸粉麵檔涇渭分明，不像而今早已合流一應俱全了。

當年高檔的魚蛋檔還有比魚蛋魚片魚皮身價更高的精品：炸雲吞、魚餃和中嵌髮菜或蛋皮的魚餅，要吃五毫一碗的「豪裝粉麵」才可以享受得到。

最便宜的是紅炆牛碎肉粉麵，比魚蛋粉更便宜，只消兩毫子，牛碎肉是下欄肉即 dog meat ——不是狗肉，是餵狗的碎肉——是也。

浮水魚丸

　　江南魚丸與潮州魚蛋或珠三角的鯪魚球風味迥異，吃慣了爽口有勁魚蛋魚球者初試軟滑細膩的「浮水魚丸」都會為之愕然：「魚丸怎會是這樣的？」

　　南北魚蛋、魚球、魚丸各有千秋。

　　南派重彈性、韌勁，而且味道也較為鮮濃。

　　北派重質感細膩軟滑，含水分高，魚味也便稍薄了。

　　江南傳統以淡水魚如黑、白鯇等作魚丸，香港上海館子有用鹹水的鯪魚，利其有彈性而魚味濃更能迎合香港市場口味。

　　「浮水魚丸」的工藝甚細緻，初加工之時把魚肉剁成茸，加水攪拌至有黏性擠成魚丸以可浮於水面方為合度，試準之後加蛋清、豬油、粉等再打至起勁始成。

　　打好魚漿之後擠成魚丸要放進冷水鍋中以文火燒至冒起蝦眼泡沫，一直保持微沸而不滾起狀態浸三數分鐘才功德圓滿。

區區可不知潮州魚蛋是沸水下還是冷水煮？

不過我們順德人以鯪魚球滾粥或滾湯都不會在大滾之時下魚球，而且一浮面立即離火，此時的魚球渾圓豐滿十分登樣。溫度漸降隨而萎縮吃到後來便明顯地變小了。

要吃鯪魚球可得費不少工夫，因為必須買鮮活鯪魚脊肉自剁自打，街市的魚滑都滲雜了味精以至雞粉之類，其味不正決不可用。

不過購得鯪魚脊肉可以來個魚腐、魚球兩味以富口福也不枉花了許多工夫。

鯪魚脊肉先用刀刮出魚茸，加雞蛋打勻，溫油浸炸成黃金球似的魚腐，即炸即吃是上佳下酒物。

剩下約一半魚脊肉，剪去突出細刺，連皮切片再剁，加葱粒、陳皮末、適量海鹽打至起勁製成魚球，風味絕非坊間行貨可比。

炒肚尖・水煮魚

一篇「濁世清流」招來了好口福。

老友看了之後來電説:「你最近可有吃過駿景軒?」

如非提起倒忘了這個好去處!

「小魔怪」尚未入小學之時,區區為了學區問題特於鳳輝台「開B廠」在跑馬地住了兩年。經常光顧對戶酒店和正斗雲吞麵、南京牛肉麵⋯⋯。光陰似箭,轉瞬便是十年前事矣。

倉卒成局也聚眾十人,區區聲明不要鮑參翅肚等大菜,但來幾個師父菜隨意小酌足矣。

這晚才發覺原來駿景軒是川粵雙翼齊飛,粵菜之外還有成都師父主理「四川官府菜」。

粵菜的招牌例湯山斑湯與白肺湯任選,區區不欲顧此失彼實行兼收並蓄,喜見都是純正老火湯的本色。

鹹菜炒肚尖具見師父真功夫,刀章、醃製、火候都十分上路,

口感爽脆而有真味,與「私廚天王崩牙成」的名作相比也未遑多讓。炒肚尖是「粗料細作」的典型「撚手菜」,一個豬肚只取最厚的小部份。用「古法」醃製——絕不用鹼性化學膨鬆劑——才可達到爽脆而有真味的境界。

是日不巧有輕微的牙齦炎不敢暢懷食辣只能淺嘗,但對「水煮桂魚」也一再翻箸,那雙飛桂魚片嫩滑鮮美而帶香辣的刺激忒是雋品,動輒取價一千幾百的蒸東星絕對望塵莫及。

不時不食,古有明訓。全晚比較遜色的是煲臘味飯。一則臘味尚未合時——雖然而今已無生曬與「風熱」無關,但未到入冬臘味始終未顯應有風味,二則用日本砂鍋而非中國瓦罉煲飯始終難得瓦罉飯的神韻。

日本砂鍋陶質細密自比瓦罉之粗疏為良。但明火不能透過毛細孔直逼水中米粒,生米煮成熟飯的過程與瓦罉有異,風味便大為不同了。

鱘魚・土匪蟹

吾家小女果然不愧為順德妹，喜歡吃美味的魚而不怕骨多。這一陣子每去外省館子必然點鱘魚。

分別吃過「京式」鐵板、「粵式」煮涼瓜和「滬式」酒釀火腿香菇清蒸，對後者尤其情有獨鍾。

那晚一家三口去雪園吃飯她也要來一扇鱘魚。而且還指明要「味重一點」。

便問她是要酒味多一點還是火腿的鹹鮮味重一些？

她想了一會，道：「不要鹹，但要更香。」

於是交代多酒釀和加紹酒。她媽媽集中吃魚腩，我們兩父女都沒有錯過魚鱗，頭尾和大骨。一扇鱘魚差不多吃足一個鐘頭果真是大快朵頤，十分滿足。

鱘魚脂豐，吃了一扇已覺很飽，本曾動念來碗乾拌陽春麵加魚汁後來也打消了。

一扇鰣魚而今香港市價約為五百元，已比東莞便宜——莞城食肆要賣六百塊一扇也。

　　那天在新世紀廣場的「湘川滬」吃到一扇十分肥美鮮明的鰣魚取價才不過四百，不但「抵食夾大件」而且風味也甚為雋美，絕對是第一流的水準，不枉渡海而來。

　　鰣魚是溯江回游魚類，棲於海洋，每年陰曆五、六月間進入長江產卵，到九、十月間再回到海中，年年準時無誤，故稱鰣魚。

　　初嘗「湘西土匪搶蟹」是湖南風味的辣椒炒蟹。香辣而不掩蟹的鮮味，比那些炸辣椒、蒜頭、味精的勁辣炒蟹適口得多。

　　區區希望大家留意：味精MSG經高溫後會產生有損人體健康的物質，做生意謀財是天經地義，但決不可害命，也許衛生、食環署政府機關可以在教育方面做點工夫，讓大家對味精之類的添味劑多點了解，不致因為無知而於不知不覺間做了害人的兇手。

泖蟹，勝芳蟹

世侄女問：「吃了多年大閘蟹，常聞九雌十雄，最近在上海見人人都在吃叫『六月黃』的『醬炒毛蟹年糕』，北京又聽人説七月記得來吃『勝芳蟹』，是不是而今的清水蟹受激素影響都早熟了？」

自大量養殖之後清水蟹早熟也是事實，但六月黃的泖蟹，北方清水蟹早熟向來便有「七尖八圓」之説，比江南的蟹季早兩個月卻是自古已然。

農曆六月便成熟的泖蟹是產於上海地區「三泖之地」的河蟹，早負盛名。清人「楓涇竹枝詞」有云。

「泖蟹相看似蠣珠，產由急水異汾陽；三更竹籬篝燈守，幾處魚罾草舍具。」

食肆向把泖蟹寫作毛蟹不但寫別字且教人誤以為是質量較次的小蟹——因為滬語之「毛」有「小」的意思，如稱孩子為「小毛

頭」。

往昔香港只有上海館子才賣「醬炒毛蟹」，而今「六月黃」已登上新派粵菜fusion菜榜。

近年賣蟹專門店也賣黃油蟹和六月黃，四隻一斤的要二百元，比南貨店個子較小者貴得多。故「蘇浙」要賣一百二十元一隻六月黃也。

北京人吃蟹素重「勝芳大蟹」，不過亦如江南陽澄湖蟹一樣正貨無多，京東、京南的「高粱紅」都打着勝芳的招牌招搖蓋有年矣。

北方傳說高粱成熟之時，河蟹便在老蟹率領之下於夜間登岸吃高粱。

捕蟹者以燈火誘捕。不過，有個規矩例不捕「頭蟹」—— 帶路的老蟹，據說沒有識途老蟹帶路其他的蟹便不懂得登岸覓食斷去財路了。

老北京說往昔食家吃蟹都往正陽樓，因為他們從不問價全部包起頭挑靚貨。

西施抹面

美食除了滿足口腹之慾外更應悅目，此所以一個好菜要求色、香、味、型全面兼顧。

一盤菜上桌最先予人的印象是色與型，然後才到香和味。

不論香與味如何出色，顏色與造型不佳的話印象便大打折扣。當然捨本逐末，只注重色與型之美而罔顧香和味的銀樣蠟槍頭菜便不可取了。

食肆老友招待外賓，區區叨陪末席。他特地在鮑、翅、燕、老鼠斑等席珍之外臨時加插了一個尚未推出的「醬炒蟹」徵詢大家的意見。

一亮相，區區便問：「此蟹是何方神聖？」老友答：「是本地青蟹。」

區區不再說甚麼，試味之後才說：「味道很好，辣味有層次，醬香也濃郁，基本上很不錯。但色不夠鮮艷，裝盆亦馬虎，自己友

試菜無妨，面世之時必須添妝打扮一番了。」

　　吃蟹其中一樂是那鮮紅的色彩十分悅目，不論原隻蒸、碎蒸、薑葱爆，都有艷色迷人的魅力。豉椒炒蟹的豆豉雖不無「西子蒙污之憾」，但有青紅椒點綴也還庶幾可矣。

　　此醬炒蟹雪白蟹肉為醬色所掩，艷紅的蟹殼蒙上一層近於泥色的外衣，在碟中堆作一團像座假山，試問如何能夠引起食慾？

　　此蟹登場，區區一看便問是何方神聖，因其色不正，還道是從甚麼產地引進的新品種，顏色如此曖昧，原來不過醬色所誤，那倒易辦了。

　　這個香味俱佳的好菜要提升色與型的吸引一點不難。

　　首先，不妨先以爆炒的大量帶青葱白度墊底才放炒蟹，蟹蓋必須抹去表面的一層醬還它本來顏色鮮艷的面目鎮住大局，再撒把葱花、芫荽、青紅椒粒之類，觀感便大為不同了。

漸入佳境

雖然氣溫尚在三十度以上，可幸濕度已經低了，新曆九月初，頗有點秋高氣爽的意思。

日前為了拍攝「蟹肉乾燒紫茄」菜譜的插圖隨便在街市買了一隻肉蟹，原隻蒸熟了拆肉，一刀斬成兩半發覺那淺色蛋黃似的蟹膏相當豐滿，依稀有些清水大閘蟹尖臍雄蟹的樣子。

目前市價青蟹不論是「頂角膏蟹」還是「足肉肉蟹」每斤都不過六十元左右而已，比一斤五六隻的「六月黃」小泖蟹更為便宜得多。

吾家小女最愛吃的蟹是「奄仔」，即剛好成熟的青蟹，以其蟹黃豐足而香滑，事實上風味直逼大閘蟹而價格則相去甚遠了。

自從全國各地都紛紛大量養殖大閘蟹，而運輸也亦便捷了之後，大閘蟹價格已經大幅低降因而也更普及，從局限於高檔上海館子而擴及粵、潮、客菜以至大牌檔。

許多朋友以為「舊時王謝堂前燕，飛入尋常百姓家」之後大閘蟹不但頓然喪失了珍貴時鮮的身份，而且吃大閘蟹的情調風味也亦大不如前。

區區近年謝絕「大棚蟹局」──即與一大枱不相熟的人同枱吃大閘蟹，因為一見人家口中吐出一堆殘渣，便覺反胃。

對新派粵菜酒家代客拆蟹的過分慇懃更是受不了，座上如有人接受如此體貼的服務區區也覺得嚴重影響個人食慾。

早茶時內地來客訴說宵來在灣仔酒家吃九十元一隻的黃油蟹竟有是黑油者，區區不說甚麼，因為九十元一隻的所謂黃油蟹是甚麼貨色不言可喻，但竟然出現黑油卻真是新聞了。

河口青蟹已漸入佳境，與其吃那些有名無實的東西不如取老老實實的青蟹了。

饞人秋思

今年九月十七日第一批江蘇蟹上市，正式掀開大閘蟹季的序幕。較早時候挑起蟹望子賣大閘蟹者都是遼寧貨。

北方蟹較江南的早熟，外表也無大差異但風味卻有別，故知味老饕寧取「六月黃」泖蟹也不取那些「北姑」。

一到蟹季區區便思念「清燉蟹粉獅子頭」。這是既重刀工也講究火工的拿手菜，故家廚妙製往往凌駕於食肆。

除了刀工與火工之外，豬肉的肥瘦比例，豬肉與蟹粉的比例，都是風味高下的重要關鍵。

據江南食家說最佳配搭是：「肥四瘦六，蟹二肉八」。即豬肉要百分之四十是肥肉，百分之六十是瘦肉，蟹粉百分之二十配百分之八十的細切粗剁成石榴子狀的豬肉做成大丸子。

「清燉獅子頭」是從「葵花肉丸」改良過來的更上層樓佳作。「葵花肉丸」是把大肉丸煎炸成金黃色之後紅燒──一如而今的紅

燒獅子頭，較香口，但沒有清燉須用匙舀取入口如酥香滑鮮美之妙。「葵花」是形容其色如向日葵的金黃絢麗。一般食肆的「蟹粉獅子頭」普遍的弊病在：瘦多肥少，硬而不酥，至於蟹粉分量不足基於成本經濟效益更是理所當然了。

「獅子頭」是揚州名菜，源遠流長與金陵「扁大枯酥」可謂一時瑜亮。

「扁大枯酥」也是剁豬肉做成的佳肴。這個乍看來甚怪的名字其實每一個字都有意思。「扁」是指其形狀。「大」是言其個子，「枯」是說顏色枯黃，「酥」是入口香酥。這個菜的廚藝要求比獅子頭高，因為要把肉丸炸至顏色枯黃入口香酥必須掌握好油溫，文武火交替，稍一不慎肉丸便會焦苦難以下咽。

但「扁大枯酥」除了肥瘦豬肉外更要加大量蛋黃，比「獅子頭」更「不健康」。

黑心婆娘

　　吃大閘蟹除了不時遇到「空心佬倌」——膏黃不足而肉削者——之外，間或還會碰到「黑心婆娘」——並非性別歧視，事實上這些「黑心蟹」以雌蟹為多。

　　區區一見蟹色不對立即推掉，因為憑直覺認知如非蟹的本身有問題便是為泥濘所污，怎可以沾唇。

　　看今期《信報月刊》始知這些雌蟹變黑心是正在排毒，那些黑色物體含有毒性，吃了輕則全身麻痹，重者性命攸關，倒慶幸自己一向做對了。

　　文中是談黃油蟹的病變過程，雌蟹的蟹黃在油化後進而變淡，再變青綠，進一步成灰黑，要把這些毒素排出體外方可繼續生存下去。

　　區區從來沒有碰到過黑心黃油蟹，大閘蟹卻屢見不鮮了。

　　人道「蟹未死先臭」並非誇大。死蟹含大量細菌決不可吃，但

無良食肆卻常以死蟹蒸了拆肉，區區親眼見過穿食肆黑衣制服者在南貨店買「神仙蟹」！

自此之後除非在相熟的殷實店子，區區絕不吃任何蟹粉菜或小籠包之類。近年內地銷港的急凍蟹粉大行其道，教人更懷有戒心了。

蟹粉菜除了清燉蟹粉獅子頭，炒河蝦仁、扒豆腐、豆苗、冬筍、津白之外，較冷門的蟹粉魚肚、薺菜肉絲豆腐羹……俱屬妙品。

蟹粉炒河蝦仁是下酒雋品，吃到冷了來碗熱呼呼的陽春麵拌麵吃壓壓酒氣更是十分受用。

陽澄湖蟹已登場。金秋載酒園林持螯把盞賞菊，城市人已少有此雅興，有之也乏理想環境。退而求其次，約三兩同好，備幾輪豐足雄蟹，暖幾盅瑤池古坊陳紹，輕攏慢撚抹復挑、拆蟹剔膏細細品嘗也不失為樂事。可是縱有同道也難得同時有此閒情！

這正是：持螯賞菊人何在？餘子誰堪共酒杯！

蟹商行情

今年雖尚未組成蟹局吃大閘蟹，但已經吃了幾回蟹粉菜點了。

先是在湘川滬吃蟹粉小籠包——每隻十八元相當不錯。繼而在「蘇浙」吃「蟹粉炒河蝦仁」，十年如一日有水準、合口味。

最近一回是在北角雪園，五個人吃飯叫了一個砂鍋：一隻蟹粉獅子頭、加蟹粉和津白——因為女士們怕吃肉要多吃菜，但也忌有蟹膏蟹黃的蟹粉。

自從國內瓶裝蟹粉大量供港（五百克約為三百元）之後，區區只有在信得過是自拆的殷實店號才會叫蟹粉菜和蟹粉點心。

頃接到蟹商最新行情，報道今年「七両蟹」產量高，「五両蟹」特靚。為方便食客，分大筐（十二點五公斤）和小筐（五公斤）。

特蟹（六點五至七點五両）五公斤二十隻：二千三百八十元，每隻約一百六十元。「六両蟹」五公斤二十二、三隻，每筐

一千七百八十元，每隻約八十元。據云「特靚」的「五兩蟹」五公斤二十六——二十八隻，每筐一千三百八十元，每隻約五十元而已。

至於那些每隻重三點五兩至四點五兩之間，稱為「餐蟹」的小蟹，八十隻一大筐者只售二千三百元——每隻只是三十元不到。

而今物流發達，在江蘇產地綁好蟹午夜付運，翌日上午抵港立即交貨，不必入倉過夜保持最佳狀態。想當年火車運輸長途跋涉氣溫高，不但存活率低成本高企，而且活蟹也受死蟹污染，影響風味尚在其次，細菌大量繁殖交叉感染尤屬堪虞。

當年大閘蟹銷港由「官商」控制，弊陋叢生，買家不但沒有議價力也無發言權。一筐蟹分配卜來生死各安天命。

故食肆只好「識做」，以求押運「同志」高抬貴手揀筐「冇咁臭」者——死蟹較少也。

蘇州作家說蟹

　　原籍蘇州的當代作家車前子說吃蟹宜獨食，頂多兩三同好，人一多便不是人吃蟹而是成牛嚼蟹了。

　　區區對此深有體會，故對大型蟹宴倘非與東道主交情深厚例必敬辭。

　　「持螯賞菊」的雅敘而今已成絕響了。對都市人而言連閒情也成了奢侈品，找三兩個懂得「輕攏慢撚抹復挑」功架的吃蟹者也亦不易，故迄執筆之時區區今年還未一嘗「持螯之樂」，雖然蟹粉菜、點倒是吃過幾回了。

　　而今資訊發達消費者非復吳下阿蒙，故賣蟹者也不敢亂吹陽澄湖靚蟹，因為只從外表特徵已真假立判。

　　陽澄湖蟹的樣相是：青殼、白肚、金爪、黃毛。是否正貨但看毛色已無所遁形。因為鄰近的江蘇湖蟹如洪澤湖者毛色赭紅，白洋淀者帶黑，毛色與生態環境有關，故洪澤湖小蟹放養在陽澄湖毛色

也會轉淺。

　　而今坊間賣大閘蟹的食肆，連「薑茶」與「蟹醋」也還未搞得清者比比皆是，許多連基本法度也還沾不上邊，更休說甚麼講究了。

　　「蟹醋」以「鎮江香醋」為本，薑末為副之外更還須有糖與醬油提味。

　　講究者有兩個版本，是熬蟹醋、香醋加糖煮透，攤涼了加薑末及醬油，一般食肆多預先調製隨時取用。

　　另一是更講究的現造版，即切薑末，用白糖（不是赤糖）醃漬過，然後加醋和少量上好醬油意思一下。清新的薑香，襯托着酸、甜、微辣、輕鹹的複合味更能引出清水蟹的鮮味。

　　子曰：「不得其醬不食」，調味品、佐料是美食不可分割的一部份，何況蟹味極清鮮決不能以妖邪賤味害之。一沾粵菜館子那種假色假味的「大紅浙醋」，甚麼蟹王也完蛋了。

翡翠黃龍

　　食諺有云：「六月黃鱔勝人參」。日本關西在六月年年也有鰻魚料理百花齊放的「鰻魚祭」，都是借重營養豐富的黃鱔、白鱔來滋補養榮強身健體。

　　當今黃鱔價廉，肥壯的一級貨也只是四十元一斤，可以弄兩味風味別致的鱔饌一新口味：

　　①翡翠黃龍羹；②豉味黃鱔焗飯。

　　翡翠黃龍羹是涼瓜青、黃鱔絲、珧柱、鱔肚絲、韭黃、陳皮絲羹。家廚可以清雞湯兌清水作湯底，不但滋味甚甘涼鮮美，更有消暑醒胃之效。

　　廣東珠三角一帶往昔頗流行「黃鱔『貢』飯」，「貢」是「捐」，「鑽」的廣東俗語。

　　據說是煮飯之時把活黃鱔放入讓牠「貢」入飯中，熟後取出拆肉撈飯吃，是男女老幼咸宜的滋補妙品。

姑勿論滋補功效如何純粹從美食角度來看並不足取，故區區改為「豉味黃鱔焗飯」，不但簡易也更美味可口。

把黃鱔頭和骨油鹽爆香，加清水半公升熬煮至剩下一半，取湯棄渣加等量白米（約二百克）、薑三片，隔水蒸二十分鐘。

鱔片用薑汁、酒、生抽、蒜茸豆豉、糖、粟粉醃透。起鑊爆香加薑絲，陳皮絲鋪勻在飯面上蓋蒸焗十分鐘便大功告成。

往昔自劏黃鱔甚煩，而今魚販代勞省卻不少工夫，一般多把鱔頭鱔骨棄去未免可惜。買了黃鱔回來還須經過初步加工，先用兩湯匙食鹽擦透，再加大熱水去潺洗淨吸乾水便可用。

造翡翠黃龍羹宜用肉較薄的鱔肚部位切絲，焗飯的鱔片用豐厚的鱔背，口感更為美妙。

小小的一條黃鱔也須量材而用才能把佳妙之處盡量發揮，市井庸廚就是懂得也怎會下此工夫？

響油鱔糊

　　吾家小女最喜歡吃的上海菜是「鱔糊」，因為愛那濃郁的醬香和偏甜的醬油味。

　　「鱔糊」應是「大閘蟹」之外最為香港人熟悉的上海菜。

　　想當年（五十年前）五湖四海難民湧來。香港人不管何方神聖，凡不講廣東話者都稱為「上海人」，不論甚麼京川滬菜都列為「上海菜」。

　　上海小吃「煎鍋貼」、「上海湯麵」、「上海粗炒」最深入人心，「客飯」的台柱「鱔糊」、「紅燒獅子頭」也就成為「上海菜」的代表作了。

　　當年的「上海菜」仍恪守「濃油綽醬」的傳統，「鱔糊」不但講究「明油亮芡」更以「響油鱔糊」為標榜。

　　甚麼是「響油鱔糊」？那是在鱔糊當中挖空一洞，放一把蒜茸澆下滾沸的油，送到客人跟前仍在卜卜地響故稱「響油」。而今有

些外省菜的廣東從業員每誤以為「香油鱔糊」，大抵入行之時已經沒有見過這傳統的做法了。

「鱔糊」是熟拆黃鱔肉爆炒，口感柔軟而又入味，是下飯配麵的雋品。

吾輩酒徒則更喜「生爆鱔背」以其味道更清鮮而口感也較為爽脆。這淮揚名菜，吃來吃去以「蘇浙」者最合個人口味。

一條黃鱔起肉作「鱔糊」也有講究。脊肉供小菜「響油鱔糊」之用，鱔肚則撥歸作「客飯」或「過橋麵」的料子。

江南知味老饕吃「過橋麵」每喜來碗「寬湯少麵」的「蝦爆鱔麵」，爽滑的河蝦仁，柔美的黃鱔絲相映成趣，論飲食文化的層面自與上海小吃的炸排骨麵，上海粗麵不可同日而語。

當年吃「上海麵」區區最愛來碗「雪菜、筍絲、肉絲湯麵」。再加一塊炸排骨，不但是很豐盛的便餐也有下酒物佐兩杯了。

黑毛冧蚌

　　早便寫好了菜單，其中一項是「自來海鮮」，抵埗時老友說：「尚未見有魚來。」顯得有點擔心。

　　區區對吾友葉Sir求索海鮮佳品的本領深有信心，便道：「不忙、不忙。待一會自有好傢伙。」

　　話猶未了，葉Sir已率眾而來興奮溢於言表：「最後衝刺找得四條本海『黑毛冧蚌』，一條『幼鱗細鱗』。今晚口福可真不淺了。」

　　「冧蚌」是海魚雋品，在紅斑每両七八毫的時代也要賣一元以上，與「七日鮮」乃屬一時瑜亮。其後愈來愈稀，在澎湖養殖肉粗味劣的台灣冧蚌紛紛登場魚目混珠，到八十年代之後已漸被遺忘了。冧蚌近親石蚌當年也是大受食家賞識的妙品，海魚的高妙風味絕非而今養殖的石蚌可比。

　　海產品類浩繁，差之釐毫謬以千里。冧蚌以色灰黑的「黑毛」

為佳。

細鱗原來也分粗幼鱗，鱗粗肉也粗，鱗幼者其肉始滑。

欣見睽違甚久的「世侄」阿蟲，談起方知他的太夫人尚健在，近百齡人瑞在順德頤養天命。七十年代在合記打邊爐，阿蟲尊人南方丈每攜夫人手製順德鯪魚滑而來，鮮爽軟滑彈牙的妙韻絕非市面大路貨可及其萬一。

悉尼漁王Jimmy吳探問何處有好雲吞、魚蛋、魚片？

區區說：「但知灣仔有不錯的炸魚片，魚蛋因為已難找齊門鱔、九棍、布刀，故口感味道都無復當年了。」

他問：「在悉尼看過你在電視介紹雲吞麵，那店子在哪裏？」

區區說：「已關門大吉了。不過毋須失望，這裏的散尾雲吞，餡料有蝦、有肉、有大地魚，三隻才共重一兩，完全是當年羊城風味的標準。」

乾煎蝦碌

同樣的大肉蝦、大花蝦炮製不同風味高下迥殊。

粵菜中最混帳的蝦饌是「玻璃蝦球」或稱「水晶蝦球」。那是用鹼把蝦肉醃至變質，成半透明狀，口感雖爽，但鮮味盡失。如不跟一碟爆香鹹蝦醬的話，可謂完全索然無味。

且不論經過化學物如此這般摧殘過的蝦肉對人體健康會有甚麼不利影響，純粹從美味求真的美食角度來看也一無可取，簡直是暴殄天物，罪過之至。

反之，最平實的乾煎蝦碌，幾乎純任自然的簡樸烹調，火候控制得宜，調味適度，便是非常可口的美饌。

這個菜自己動手也亦不難。

大蝦先剪去蝦頭硬搶和蝦腳。鐵針從蝦背刺入殼中輕輕挑出蝦腸——也可以剖開蝦背把蝦腸剔出。這是最重要的關鍵，蝦腸內藏污物每有異味。

斜刀把大蝦切段——每段約吋半左右，吸乾水分候用。

準備薑米、蒜茸。

調好「西汁」：茄汁一湯匙，喼汁一湯匙，紹酒一湯匙，生抽一湯匙，削片糖一茶匙，清水兩湯匙，粟粉一茶匙調勻，喜歡吃辣者可以隨意加辣椒油。

猛火燒熱煎鍋下油兩湯匙，蝦段鋪平。以中火煎至兩面焦黃香脆，下薑米和蒜茸炒勻，傾下「西汁」攪拌，翻幾翻，上蓋，轉小火焗三分鐘。

掀蓋，轉中火把西汁收至將乾以緊裹蝦段為度，澆紹酒立即上碟。

如此這般乾煎蝦碌不但香濃冶味，且殼脆肉嫩甘美無比。

「乾煎蝦碌」因調味品動用到西方風味的茄汁與喼汁故也稱「西煎」，是早期的 Fusion菜。

此菜更是塘西風月菜的中堅，因為浪子們相信蝦頭有「補火」之妙用。

生蠔不宜多吃

　　中國飲食衛生之道一向不主張吃生冷之物。六十年代自助餐初興之時，生蠔與煙三文魚都少人問津，不像後來成為眾矢之的，也常聞人誇言吃了多少隻生蠔，說甚麼只此已經吃夠本了！區區不知最近行情，九十年代來自南韓和紐西蘭的急凍半殼生蠔每隻成本約是港幣一元，就是遇上連吃三打的大胃王也不過三幾十成本而已。

　　自助餐的生蠔是高危之物。因為解凍之後到食用之時所經歷的一段時間，一旦溫度和環境有問題便會產生嚴重後果。細菌在適當的溫度中會大量繁殖是人盡皆知的常識。

　　急凍生蠔貯存在零下二十八度低溫就是逾年一般也沒有甚麼問題，但解凍之後，在廿幾度室溫擱了一段時間便有許多變數，不能一概而論了。自助餐的生蠔從解凍到陳列的流程必須嚴密監控才能確保安全。酒店、食肆都不敢掉以輕心。

　　生吃海產無論如何不宜多量，就是沒有細菌感染或其他有害不

潔之物，吃多了也會引致腸胃不適。抱存着「吃個夠本」之心者簡直是拿自己的健康來開玩笑，不但害己更兼害人！

　　吃生蠔也只宜吃生開活蠔，英歐老饕一向認為吃蠔應在有R的月份——從September到April，夏季由五月到八月應該避免。不過，專家認為這只是傳統習慣，熱天生蠔風味欠佳，但並非不能吃。而今市面的生蠔大部份都是養殖，而且來途龐雜，監控體制不同衛生條件亦異。

　　不過，養蠔蠔場要保持水質清潔，否則難期有好收成，故生吃活蠔問題不大。

　　三十年前我們在倫敦吃英國產的Colchester Oyster以「打」為單位，牠與法國Belon堪稱一時瑜亮，其他品種難與爭鋒。

　　近年貨疏價俏，在香港吃動輒幾十元一隻，來個「半打」已是「豪舉」。故絕不擔憂吃過量而壞了肚皮也。

3 華貴之味

私房翅

　　招待一班香港飲食業的朋友入珠海作新春一天遊，吃喝玩樂節目安排得相當充實豐富。

　　大清早乘船入九洲，十時許抵唐家灣在食神的園林品茗略進茶點，吃叉燒餐包和有菠蘿粒的菠蘿包。

　　中午在拱北酒吧街的Cohiba西洋會吃澳葡餐。西洋雜菜蠔湯、咖喱牛筋腩、葡國雞、燒沙甸魚、烤羊扒、西洋炒飯、意大利麵、焗布丁。

　　這一頓午餐，馬交朋友也說就是在澳門街也不易有這麼高的水準。

　　十幾年前經常跑珠海的朋友撫今追昔不勝感慨：「當年做夢也不會想到珠海會有今天這一番光景。」

　　午餐後，拜託錦文老兄帶隊去橫琴看養殖鮮蠔和淺嚐一下當地的特產。事先警告一眾好友必須節制，因為晚上專為他們準備了特

別的菜肴：「唯靈私房翅」。

區區的「私房翅」是「古法角螺雞煲翅」。「三斤二十六吋雙超牙揀翅片」，滾水焗軟浸透，加薑葱紹酒煲一小時，然後再換水加角螺、雞、赤肉煲至魚翅夠腍身，取起雞與赤肉留角螺，收緊湯汁，濺酒調色，便大功告成。

牙揀片翅針長而軟滑，更有易腍的優點最適宜於家廚烹調。

以區區的經驗，牙揀片一斤乾貨煲夠火候可得軟滑可口的魚翅凡二十七、八兩，每兩成本只是卅餘四十元，比急凍翅更划算。

有朋友質疑沒有火腿怎會有那麼濃郁的味道？

其實而今一般火腿香與鮮味俱薄弱，徒得鹹味不如加重雞與赤肉的分量鎮住大局，再益以角螺的鮮冶，滋味比大路上湯有過之而無不及了。

雞煲翅也不必加粉勾芡，部份翅膜溶化了膠質與湯融為一體，吃來分外香滑醲粹。

粵風 · 海派

文革時期紅衛兵列舉陶鑄罪狀之一竟然是：「吃雞不見雞，吃魚不見魚」，這可謂千古奇聞。

倘然如此指控也可以罪名成立，吾輩十居其九都成「資產階級腐化糜爛生活」的罪人了。試想我們吃碗「上湯生麵」、「魚湯米粉」不也就是「吃雞不見雞，吃魚不見魚」了麼？

傳統粵菜最高級的魚翅是：「清湯大散翅」。清湯須得是用一比一足料上湯再加碼提鮮的天頂湯，翅是「骨翼淨針」，「骨翼」是港式中文「士多」、「的士」之類的辭彙，乃great的譯音，指來自南美的大片粗針魚翅——比而今的海虎更粗長。

骨翼針粗身重，清湯無芡，翅針沉底故分量不可少，一席之量非三十兩以上不可。不然便顯得寒酸了。

清湯骨翼與紅燒大裙翅是一時瑜亮在粵菜高級翅饌中各領風騷，也反映當年廣東崇尚實而不華的殷實風氣。

七十年代海派的火瞳雞燉翅興，資深老廣食家頗不以為然，認為連湯料也上桌亮相未免有失大家風範。一般只得廿四兩翅在粵菜慣例而言也非很高的規格。

　　至於火瞳在一隻火腿中也非上品，居於「琵琶頭」、「腰封」、「陰陽片」之下，僅高於「肘子」──火腿腳而已。不過，火瞳雞燉翅也有可取，那連皮的火瞳一剖開不但香氣撲鼻，且飄送四座，已自收先聲奪人之效。火腿瘦肉的鹹鮮滋味，帶脂火腿皮甘腴適口，必是雋品，地位重要凌駕於雞而幾乎不亞於魚翅。

　　可是近年金華火腿風味大不如前，上桌火瞳那最具魅力的香氣往往欠奉，就如沒有了靈魂的臭皮囊一樣要來何用？

　　而今店家也為此而大為煩惱，好火腿難求這個「海派名菜」頓然失色，海派魚翅的「鎮山之寶」要靠「蟹粉大排翅」了。

紅燉五羊片

　　區區對傳統潮州翅情有獨鍾，因為愛其香、濃、糯、滑、鮮味入心，這一優點其他幫派的翅饌鮮能企及。

　　傳統潮州翅即紅燉魚翅，所謂燉並非隔水燉而是直接明火燉。

　　潮州翅把乾貨魚翅浸發，整治潔淨之後開始用火起碼要經六小時。開始時用武火，繼轉中火，最後階段用小火，先武後文把魚翅摧堅為柔，釋出膠質，故有柔滑，黏糯的口感。

　　潮州紅燉翅每根翅針都有鮮味入心之妙，竅門在一開始便加老雞、排骨、豬手同燉，三小時之後清去肉料換雞再燉，最後又把原汁經過濾清工序，故翅汁濃而不濁，亮麗明淨，與晶瑩的翅針輝映，正如上海大兄所云：賣相交關漂亮。

　　吃潮州翅宜佐以芫荽，更不妨加半茶匙優質烏醋或鎮江香醋，以至意大利香醋Balsamic Vinegar──但粵菜館那些假色假味的劣質大紅醋，浙醋決不可用！

潮州菜所採用魚翅一向重用「五羊片」，以其翅針軟滑能夠充分發揮滑糯，膠黏的美妙口感，突顯潮州翅特有的非凡滋味。

昔時三角碼頭天發酒家每天只燉一大燉盆紅燉翅，賣完即止，故如非預留晚飯時段不容易得嘗滋味。

真材實料十足火候慢工出細貨燴燉出來的原汁原味潮州傳統紅燉翅，又豈是把雪櫃貨三滾兩滾推個蠔油、雞粉糊水芡的「紅燒翅」可比。

自食肆普遍採用「水盆翅」後大路魚翅已經渾不足昔時風味。尤其是那些用化學膨鬆劑發大的「落降貨」，不但質感已被破壞無遺而且飽涵水分，遲來一步的鮮味都被摒諸門外，全起不了任何作用了。

家中自行浸發魚翅也有較簡單易行之法：把乾翅放清水中約五小時，撈起連青檸放電飯煲滾水煲二十分鐘轉保溫焗約三小時，再用清水浸二小時即可撈起備用。

川式乾燒翅

八十年代初改革開放尚在初階，錦江飯店率先衝出國門，派廚藝團攜同古董瓷器往美國作文化交流。

回國途中經過香港，先在希爾頓酒店拿訪美菜單「照辦煮碗」，反應只是一般。

新同樂老袁問可有可為？

區區說不能「照單全收」，須揀適合香港市場口味者。八千元一席也應有兩道名貴大菜壓住陣腳。

商議下來定下「兩條A」：一、川式乾燒排翅；二、港式蒸大鬚眉。雙劍合璧果然奏效，一連幾晚早便訂滿了。

川式乾燒翅是把排翅在鑊上加鮮湯慢燴讓鮮味滲透魚翅，翅針不但軟滑而且美味，比一般「紅燒」的烹調法只靠芡汁之味高明得多。

乾燒排翅不見芡故斤両必須豐足，每位非有三両魚翅，量少的

話便不成體統了。

　　區區很喜歡吃乾燒翅，伴以韭黃而食更妙。

　　吃過一箸香濃的魚翅之後，得清爽之味調劑一下，吃完了一大份魚翅也不覺膩。

　　那一小盅湯也不宜只以常規的高湯、上湯充數因有濃粹的鮮味珠玉在前，甚麼高湯上湯都會淪為閒角了。

　　故預訂「乾燒排翅」之時區區喜歡囑咐跟「花旗參燉雞湯」，借甘和的參香參味消解口腔尚存之味。

　　川式乾燒排翅厚重濃郁是擎天一柱，配菜宜取較清者，也忌量多，因為菜單一長不但浪費，吃得膩了也損真趣。

　　一回曾試以此打頭陣，繼以上湯焗龍蝦和黑椒爆西冷粒佐酒，便上瓦罉煲飯和「四晏菜」：鹹蛋、椒醬肉、炒菜遠、鹹魚肉餅。大家都認為已經十分豐足了。

蟹黃翅

朋友看了燕文〈三十年前的春茗〉，擬「照辦煮碗」，問：「可不知而今要多少銀両？」

區區說：「一個『大展鴻圖』應該已經不只八百七十五元，估計應要四、五千元了。」

三十年來海味價格不斷飆升，鮑參翅肚莫不如此，海鮮漲幅也亦不小，所以靠「兩海」——海味與海鮮——支撐大局的粵菜館子最傷腦筋。

「大展鴻圖」是蟹黃翅，用料不同成本有異，售價也有很大距離。不過傳統粵菜的蟹黃翅是用散翅而且斤両較紅燒翅為輕，不會像上海菜「蟹粉排翅」動輒要四、五千元一份，但就是用五六両散翅加上蟹黃、蟹肉和上湯成本也相當可觀，售出價非過千元一鍋不可了。

雖然許多事物都是今勝昔，但蟹黃翅卻肯定是古方優於新法。

古方蟹黃翅是先把生蟹膏研成漿，加鳳脂——即雞油——調和，拉鑊離火推成色如珊瑚的稠結美味芡頭。講究填起如包形，插入匙羹或筷子可以直立不倒，入口鮮美香滑而不膩。

新法蟹黃翅是把蟹膏拉油或湯浸成一顆顆桃紅色珠形。形相雖美，但可惜入口硬韌而無味，靠食用人工色素調成橙色芡湯，水汪汪浮泛着些翅毛，風味如何不言可喻。

故區區每思吃蟹黃翅便只有去大喜慶。

大喜慶「金毛高」雖然打扮愈來愈潮，但對炮製蟹黃翅卻甚堅持古方。

區區建議入行之時蟹黃翅已是「桃珠時代」的年輕一輩廚師應該去見識一下，比較一下新舊方法炮製出來的蟹黃翅風味有何差異。

近年每當大閘蟹造，區區喜歡來個「南北和珊瑚翅」——粵式古法蟹黃翅加大閘蟹蟹粉，風味比純粹粵式蟹黃翅和江南蟹粉翅都更優勝得多。

聲價千倍

「在山吃山，近水吃水」。

海味佬飯局自然離不了海味。

「鮑魚教父」遊埠歸來約敘，自來十五隻自己煲好的十頭奧戶網鮑，另提早送了兩斤半「淨頭二十三吋牙揀翅片」着「書香會所」炮製一個「高湯大排翅」。

兩斤半「淨頭牙揀翅片」發起足有六、七十兩，每位淨翅也有五兩，差不多夠大路酒席一鍋雞絲翅之量了。

區區囑咐阿良沸水浸翅一夜，薑葱紹酒出水。然後以淡二湯加肥雞一隻煲翅，夠脸身之時取出魚翅瀝乾，候用。

另取高湯，上菜前加入魚翅文火燴燉十五分鐘。

這「高湯大排翅」香濃鮮美，軟滑適口與「崩牙成」那過萬銀一份的「黃膠翅」有異曲同工之妙。

鮑魚燕窩是這半個世紀漲幅最驚人的乾貨。

「鮑魚教父」說二次大戰後入行之時，日本乾鮑七百餘元一擔，即是不過七元左右一斤，其時吃一隻「大劏雞」也要十元八塊了。而今二十幾頭「皇冠禾麻鮑」也要七千元，真是身價千倍。

五、六十年代酒席菜單的鮑魚非「蠔皇網鮑片」不成敬意，「麻鮑脯」是包辦館到會和晚飯小菜，午市麵碼的貨色而已。

「國家級評定人參專家」熊哥說五十年代的印尼燕窩大盤每斤二十餘元，暹邏燕貴凡十倍，箇中翹楚的安南會安官燕則已要幾百元一斤了。

印尼自大量發展「屋燕」之後燕窩產量不斷上升，時至今日已經佔了百分之八十的市場份額。半個世紀價錢也漲了凡四百倍了。

而今會安官燕盞正貨也只是四萬左右一斤，只是比印尼貨貴四倍，相對之下比幾十年前便宜得多了。

教女

吾家小女年華二八矣。

早便對她說：「讓爹爹教你食網鮑片作生日禮物。」

她說：「這也要教？」

在未作興用刀叉食鮑魚的時代，一塊手掌那麼大的三、四頭網鮑片如何吃得斯文優雅自有學問。

而今市面十頭以內的日本網鮑罕如鳳毛麟角，只好退而求其次找老友熊哥揀了三隻磅半上下的南非青底鮮鮑，煲後飛邊起枕切片可也足有手巴掌那麼大。

這麼一大片滑溜溜的東西如何用箸挾起已考功夫，何況汁芡淋漓一不小心未入口已經弄污「飲衫」更添煩惱，那更還有甚麼儀態！

但出慣場面的大少自有妙方，用箸把它捲成像蛋卷的筒狀用小碗承托着一口一口細嚥慢嚐，如此方才得顯出眾功架。

刀叉吃鍋燒原隻鮑魚，七十年代初慶金園是始作俑者，與堂灼基圍蝦同為當年中菜館的創新之舉。

片網鮑最考功夫，不但件件厚薄勻稱，而且要平滑不起波浪紋，務須一刀到底，稍一頓挫便起梯級為識者笑了。

七八十年代金冠酒樓的「肥仔基」是片網鮑的高手，件件勻稱平滑，無他者，工多藝熟耳。

後來的「頭砧」入行以來可能從未做過飛邊起枕的平刀橫批網鮑片，獻醜不如藏拙，多學新同樂改為直刀切厚件蒙混過關。

鮑片、鮑脯、鮑角與原隻鋸何者為佳？

鮑片最不符合經濟效益，口感觸覺亦不如鮑脯、鮑角有煙韌彈牙嚼勁那麼豐美多姿，是擺闊的虛榮菜而已。

原隻鋸十足收成最為實際，但不宜太大，應以十五頭為限，不然吃到後來熱度消減食趣便大打折扣了。至於刀叉並舉煞有介事地去鋸鴿蛋那般大的鮑魚孫嘛，區區覺得像在演滑稽戲。

3 華貴之味

灶底焗鮑魚

多年前聽南北行老行尊兆豐行老闆馮秉芬爵士談炮製鮑魚的竅門各師各法不一而足，區區印象最深刻的是「灶底煨焗鮑魚」之法。

燒柴大灶餘爐爐灰的熱度往往歷時幾個鐘頭才逐漸冷卻，乾鮑浸水之後用幾重濕玉扣紙包裹埋藏在灶底餘爐爐炭之中煨焗，隔夜才取出加料煲煮，鮑魚香味特別濃郁而且溏心軟滑。

那天去富臨午膳本是專為吾家小女口福之謀一心要吃一哥版本的順德煎鹹雞髀。湊巧碰到一哥，他說：「來得正巧，一試我最近試驗成功的烘焗鮑魚新法，色香味形都比以前更勝一籌。」

十頭奧戶網鮑是來自「鮑魚教父」聶老兄天德行的名門正貨。魚形端整，鮑滿滑溜，色如荔枝核。一下刀憑那黏刀感覺已可確知是溏心無疑，及剖開來一看顏色表裏如一竟然百分之九十五以上呈溏心狀態可真是歎為觀止。

往昔吃網鮑片要「飛邊去枕」因為嫌其略帶硬韌，經過文火烘焗的鮑魚除了鮑邊之外連枕也呈溏心矣是出神入化。

　　這新法烘焗網鮑既有網鮑的端整豐滿的品相，又有軟滑彈牙如禾麻的口感。

　　此外，魚味濃郁復似吉品，可謂集日本三大名鮑優點於一身，雖然是二千五百元一隻也比伊朗Beluga黑魚子醬抵食得多。

　　十頭網鮑乾貨每隻重六十克，起發成數一倍半，成菜上桌時每隻約重一百克，雖然每啖凡百元但那既鮮美又耐細嚼深嘗的非凡滋味豈是生吃鹹魚卵可比。

　　我家兩隻黃鼠狼私底下達成一宗交易，小女以半隻鮑魚全件花膠換取她媽媽的全份煎雞髀——因為那雞髀實在太好味。

　　而且不忘給老爹出題目：「Dad，你有沒有信心做得這麼好？」

吉品非正字

　　教人「正字」電視節目的靚女說「吉品鮑魚」沒有錯，這值得商榷。這個「品」字並非正字，只是海味行的俗寫，正字是「浜」，吉浜（Yoshihama）是岩手縣的地名，是鮑魚的集散地。

　　「禾麻」或「窩麻」也是以訛傳訛，青森縣大間日文讀如 Oma，故也誤作「禾麻」或「窩麻」了。

　　又有區區年輕時請教老前輩，據說乃因用麻繩串起來曬乾故稱「禾麻」。

　　阿叔曰：「鮑魚微微捲起成窩形，故名。」

　　至於「吉品」的解釋更妙不可言，反問：「你可識得買『字花』？」

　　區區不良嗜好獨缺一門，茫然不知。

　　阿叔曰：「吉品鮑當中有一條縫似『字花』的『吉品』也！」

　　區區愚魯，仍是不明所以。

阿叔解釋：「字花三十六瓣，每一個『古人』，也代表身體的某一部份，難道還要畫公仔解釋？」

區區這才恍然大悟，不過也亦將信將疑。

近年香港飲食業菜譜上的鮑魚頗多笑話，經常出現如「澳洲禾麻」、「南非吉品」之類，試問澳洲、南非何來有「吉浜」和「大間」？

更有硬把「千金小姐當丫鬟」的蠢事，把南非鮑寫成「菲鮑」。

南非所產「青底鮑魚」是屬優質品種，可與「青邊鮑魚」媲美。菲律賓的蘇洛鮑是肉質硬韌而味薄的下品，價格也相距甚遠，

為甚麼竟然會把「非鮑戴上草帽變「菲鮑」，確令人費解。

正字運動絕對值得支持，在日常生活中經常接觸的菜譜須待改正的別字更是罄竹難書，希望節目資料蒐集的朋友多向這方面下工夫。

3 華貴之味

牛腩煲鮑魚

　　成哥於Yung Club宴圍內友好，菜單上有兩個「唯靈私房菜」：①清湯腩鮑魚；②雁落梅林。

　　清湯崩砂腩併原隻鮑魚一亮相，有些朋友覺得如此配搭很新奇。究其實這不過是南北行伙頭大叔信手拈來的過節或初二、十六做禡打牙祭的舖頭餸，早已有之並無甚麼新意。

　　五、六十年代日本乾鮑如「禾麻」也不甚值錢，「吉品」仔更是煲湯貨色，伙頭大叔煲牛腩順手落些樣子不甚四正端整的「吉品」仔，「禾麻」仔，等閒事矣。

　　這晚的鮑魚是南非湯鮑，樣子端正許多，論風味自難與「禾麻」、「吉品」相提並論，但贏了賣相，質地也軟滑可喜。

　　「雁落梅林」是芋頭冰糖梅子甑鵝。也可以鴨代之，這個菜是先母的「私房菜」食譜，隔水燉透骨肉俱酥的嫩鵝姑，酸甜適口的鵝汁，香酥的芋頭和而合之別有繫人心處的滋味，雖是平凡物事卻

比許多奢食好吃得多。

單尾是「鮮鵝肝腸卷」，這招牌點心此時此地行上的麵點包子無出其右。

座上有老友聲討區區當年向成哥進言把鵝肝卷的件頭縮小，損害消費者的利益。

不是區區狡辯，美食不能以大小輕重來衡量，正如辛棄疾詞所云「物無美惡，過則成災」，點心太大件往往弄巧反拙，包子之類的麵點尤須特別小心。

三十年代羊城星期美點方興，廣州點心師父都在絞盡腦汁研發點心新品種，正是萬變不離其宗，自有不少舊瓶新酒是在傳統品種的基礎稍加變化而成。

譬如茶居茶樓的雞球大包一登高級茶室的龍門，縮小為「雞包仔」——只有雞球大包三分之一的大小——樣子嬌小玲瓏討人喜愛，立即廣受歡迎成為名點了。

3 華貴之味

天九膠・黃膠頭

　　區區以「天九膠」款老友，眾人的評價是風味超越「天九翅」和「花膠」。

　　「天九膠」有點巧立名目之嫌，究其實是姥鯊尾鰭的皮，即飲食行慣呼為「魚唇」之物。「黃膠頭」一樣都非「花膠」──乾製的魚膘，也是「魚唇」。

　　姥鯊basking shark是只吃浮游生物的海上巨無霸，等閒長十公尺重以噸計，胸鰭、背鰭、尾鰭作「天九翅」，以翅針粗長壯碩見勝，但卻中看不中吃，知味食家嫌其不夠軟滑且帶臊味，故歷來只是次級價錢的貨色。暴發的揮金豪客以為翅中極品不過是滿足目食的虛榮而已。南北行老前輩都少沾手「天九翅」，因為據說姥鯊有靈性被圍捕時會號哭云云！

　　鯊魚尾鰭的翅針聚於一邊，割出來作勾翅，另一邊有皮無針者便是作魚唇的料子。

姥鯊皮厚，故「天九膠」發起來也厚逾半吋，絕不遜於「花膠公」，且有軟滑而帶彈牙的嚼勁，飽浸了上湯芡汁的鮮味和火腿的香氣是十分可口的佳肴。

　　區區去魚翅城常叫一件天九膠加一位雞湯翅才是百餘元的消費，如此真材實料便餐比在酒店咖啡座吃份歐陸早餐還更便宜。

　　魚翅的副榜「翅裙」也有雋品，「嫩黃膠頭」是箇中翹楚，「黃膠翅」——又稱「呂宋黃」的翅頭比天九膠薄，但更軟滑，向為上海館子作「白汁魚唇」、「蟹粉魚唇」的良材。

　　那晚席上提起立即又訂後會之期，準備在近中秋大閘蟹登場之時來個「南北和蟹黃蟹粉黃膠頭」作主題曲的大食會。

　　傳統粵菜的蟹黃翅與江南的蟹粉翅各有所長各自精采，粵菜古法蟹黃翅以香滑勝，江南蟹粉翅則口感豐富而味道鮮美，集兩者所長來個南北和更是雋美無比。

蜜炙火腿片

　　老字號陸羽除了地下尾廳之外，二、三樓都是屏風間隔的廂房雅座。有些貴客每以聲息相聞私隱性不夠為嫌。多月以來經之營之卒以新姿態面世了。

　　七、八位老友小敘寫幾個「招牌菜」：蜜炙火腿伴鴿片、鱲魚卷、蘭度帶子蝦球、陳皮牛肉餅、咕嚕肉、粉葛鯪魚煲豬蹄，都是五十年不變的經典粵菜。

　　陸羽在永吉街時代幾乎以之作飯堂，三數酒徒不論是油泡七日鮮球、手撕雞或炒鴿片都伴蜜炙火腿片，因為那是絕佳下酒物，不管冷熱由頭吃到尾都那麼美味。

　　蜜炙火腿片一般粵菜食肆慣寫作「燒雲腿」，其實是「金華火腿」上蛋漿炸了切片。傳統粵菜一向倚重為伴名貴熱葷的大配角。那十來廿片火腿看似簡單，其間卻有不少學問。

　　首先選料要識揀合適的部位——必須選略帶些肥的中腰峰。

去鹹之後加冰糖燉至鬆軟，切成長條才上蛋漿炸至金黃，切為薄片一條金光燦然的邊圍着紅白相映的火腿十分悅目。

蜜炙火腿要厚薄合度、鹹甜適口、香酥甘美而不油膩，才合乎法度。

時至今日火腿在粵菜除了作上湯的湯碼之外便很少派上用場，偶爾有「燒雲腿」亮相也鮮有符合標準，類皆過鹹而死實難以下咽。

粵菜把火腿稱為「雲腿」，事實上而今香港市面火腿除了罐頭之外都是所謂「金華火腿」即浙江火腿，甚至江蘇貨。八十年代初「金華火腿」也要六、七十元一斤，近十年大盤卻始終徘徊在二十元以下，質素如何亦可思過半矣。

雲南宣威火腿多年前曾輸港。但以肥膘較多不合作湯碼之用打不開銷場自此更無人敢再來貨。

大家倘若要一嚐「雲腿」滋味相信只有去光顧雲南菜專門店阿詩瑪了。

佳藕・東莞臘腸

歲晚蒙「貞觀女史」賜贈佳藕及東莞切肉臘腸。

兒時每逢年節以至「做禡」多會有蓮藕鱆魚煲豬蹄肉老火湯，拜神祈福除了象徵「大吉」的雞、「大利」的豬脷之外，更往往有蓮藕。小時候不解，到後來才知是取「佳偶」之意。

有好藕除了煲湯最妙莫如做桂花糖江米瓤藕，但區區一向不嗜甜食，便依其意做個綠豆、糯米瓤蓮藕燉排骨湯鍋，文火熇燉至豆米俱糯、蓮藕酥軟，飽浥了排骨的鮮味非常可口。美中不足的是吃了兩塊已經半飽連忙囑咐先把它撤了以免影響胃納容不下隨來的菜式。

蓮藕味道清甜不論煲豬肉、牛腩，或加紅豆煲鯉魚，都是上佳湯水，加南乳燜豬手、腩仔、肉排也是家常美饌，其他如蒸煎藕餅、炒藕片均有非常滋味。

東莞臘味以臘鴨和臘腸為大宗，臘腸因造型突出比一般廣東臘

腸肥而短，樣子趣怪常被人用作取笑矮胖者的綽號，因而名聲大噪。

更有人杜撰出始創人是個矮胖子因挑正常長度臘腸拖地故將它改短的故事。

東莞臘腸除了外形之外，風味與一般廣東各地臘腸無甚差異。但切肉肥瘦比例合理口感特別甘腴。

月前在順峰山莊吃到很美味的鴨膶腸扣柚皮，問老總南哥是哪家字號的出品？

他說是由特約的廠家供貨，這臘味廠規模宏大製作認真，不但添加劑符合安全標準，而且為了保證產品的風味自設廠生產天然釀造醬油，故酒香豉味都優於市面的大路行貨。

在中華烹調領域醬是調味的靈魂，昔時有「醬者將也」之說，意指一眾調味唯醬之馬首是瞻。故時下食肆用廉價大路醬園貨者便唯有靠味精妖味助陣了。

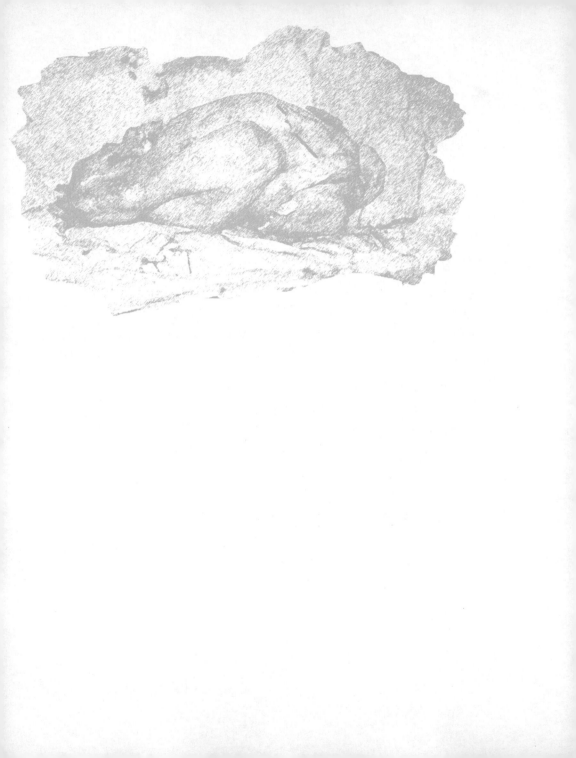

4 葷菜佳餚

「扒」的竅妙

日前談過幾十年前庸廚的故弄玄虛食譜：豉油、紹酒論滴，砂糖逐粒數，走油八、九秒的荒唐笑話當真笑煞行家，怪不得贏得「蠢仔×」的綽號。

其實不論中西廚，火候的掌握都憑經驗與感應，大師父根本不必看錶，但看顏色和質地變化便心中有數。

當年希爾頓扒房、凱悅Hugo的「扒爐師父」明火燒扒牛羊肉，三成、四成、五成、六成層次分明決無失誤。近年就是在五星級酒店也不易吃到恰到好處符合心意的牛扒、羊扒了。

此所以區區逐漸捨肉扒而取燜牛膝（Osso Buco）、煨羊脛（Lamb Shank）甚至被目為粗品的愛爾蘭燜羊肉（Irish Stew）。

那晚吃西冷牛扒，區區與老友都聲明要三成，吾家小女取medium rare——應以四成上下為準。

結果兩份三成者都拿捏不準，三份都不過是程度稍為不同的

medium而已。

　　三成熟牛扒，或medium on the rare side是肉色鮮紅，肉汁不失，入口微溫而決不能未熱。

　　王老五歲月，幾個朋友湊合百元先買三瓶威士忌自己動手煮飯仔，餘下三十餘元買牛扒、薯菜、雪糕、生果，幾條大漢豪飲暢啖窮風流餓快活常常鬧個通宵達旦。

　　區區自告奮勇司廚煎牛扒，生、半生、靠熟的掌握也少撞板。其實也很簡單，先用武火煎一面到夠焦黃為度，翻過來再煎才因應生熟程度不同而先後上碟，記得把焦香的一面朝天便件件看來外觀如一而生熟各自不同了。

　　六十年代在亞洲辦館買澳洲凍肉，Rump Steak才是幾塊錢一磅。預早在室溫徹底解凍吸乾血水，煎烙之時才下鹽與胡椒，風味遠勝坊間長流水解凍又加鬆肉粉醃過的豉油西餐牛扒。而今優質的冰鮮肉類在許多地方都可以買到，烹製起來也更簡單省時了。

食肉獸好去處

當今食壇百花齊放，甚麼fusion、cross-over、中西合璧……教人眼花撩亂，飲食潮流雖然恆在變中，但真材實料的good simple food始終有不能更替的地位，燒牛肉歷百年而不衰便是一個最佳例子。

倫敦的Simpson's-in-the-Strand、洛杉磯的Lawry's自是箇中表表者。

Lawry's進軍香港對食肉獸而言自是喜訊，早三數星期之前便想帶吾家小女去一試，直到上週末才能成事。

軒敞的廳堂不事矯飾而自有一番氣象，輕鬆脫略的氛圍教人感覺十分自在。

餐牌主打燒牛肉，兼備龍蝦，也有兩種魚柳應酬特別要求的客人。

一家三口分別要了California、English和Diamond三種不同厚度

的燒牛肉——分別是二百餘、三百餘和四百餘元——加一條龍蝦尾分嘗試味。

區區年輕時愛吃厚切，近年則取薄切的English Cut，以其更能彰顯嫩滑之美。

區區一向認為美國的Prime超級牛肉兼備肉味豐美，質感可口之妙，比和牛更好吃，價錢相對便宜得多尤其餘事。

Lawry's的小妹訓練有素，介紹餐飲有板有眼頭頭是道。這一點非常重要，區區最討厭有等地方那些南亞侍應以平板語調如鸚鵡學舌似地唸急口令，令胃口也先壞了。

一家三口不但把三份合共三十幾安士的牛肉吃個清光，而且還把老大的焗薯也吃到只剩一層皮！

那燒烤龍蝦尾甚嫩滑可口，下回可以每人各加一條作配了。

吾家小女不要酸忌廉、牛油、煙肉、葱花，要吃原味的焗薯，認為這才可以充分欣賞到Idaho Potato的香甜軟滑之妙。

Lawry's的餐酒陣容甚豐，新舊世界產品俱備取價也合理，不像有些地方不論平貴一律把來貨價乘三！

四大天王

早一陣子去東莞，老友指着遍山荔枝樹慨歎道：「今年雨水多，荔枝看來難結佳果了。」

那天中午突傳喜訊：「貞觀女史正在從番禺運送今早採摘的樹上熟荔枝來港，準備接收吧。」

往昔有言：荔枝離枝，一日香變，二日色變，三日味變。雖然近年保鮮技術進步但況味豈能與吃即日採摘樹上熟荔枝同日而語？

雖則倉卒間難以成局，但也即時分饋友好分享這難能可貴的鮮荔風味。

吾家小女要吃西苑的瓦罉頭抽豉油雞，接收了荔枝便去吃晚飯。

世侄小古介紹新出的「紅酒燜牛面頰肉」，是取法於意大利菜而融會粵菜特色的fusion dish。

牛頭雖屬冷門菜卻是風味不凡。區區吃過川菜大師劉國柱的紅

燒牛頭確不愧為太牢食制的出類拔萃佳作。

這個紅酒牛面頰也很不錯，酒香與肉味交融，口感軟糯而尚帶些須嚼勁，那紅酒汁滋味也豐美可喜。

此侄問有甚麼可以改善？

區區很爽快地答：

「有。必須減少肉的分量，一份例牌不可超過十件，小菜則六件已足。美食恰到好處最顯光芒，稍為吊吊胃口更有教人難忘的魅力。」

西餐牛饌之中有所謂「四大天王」，都不叫beef而是直截了當冠以Ox之名。

此四大天王是：

①Ox-tail牛尾；

②Ox-tongue牛脷；

③Ox-Cheek牛面頰；以及

④Ox-knce牛膝。

都是價廉味美的好東西。

山東肥黃

Sidney鍾尚志炎荒歸來忙於搞《刀下留人》英文版尚還記得前約，道：「你還欠我一頓肥牛肉火鍋。」

「早幾個月發現了一個好去處，可惜你已回Island in the sun，幾時有空帶你去打邊爐吃山東肥黃牛肉，機緣巧合的話還可以找吾友想辦法羅致一些『風門柳』。」

提起「風門柳」，月前之會的美妙口福經歷尚如在目前，饞蟲不期而然蠢蠢欲動了。

可惜歲晚新年聚眾不易，倒要期以明年歲首才能成局。

中國飲食文化中一向沒有食肥牛的觀念，因為吃豬民族只知豬肉的肥美滋味。南方的牛肉大多數是來自老耕牛，勞動了一輩子練就銅筋鐵骨身上不帶一點多餘脂肪，哪想到牛肉也是以肥為美？

香港人嗜肥牛肉也是火鍋崛興之後才帶起的風氣，往昔牛肉檔無人問津的帶肥牛肉一下子便成奇貨可居。

外國牛肉先以脂肪含量、分佈均勻程度分高下，然後年齡、性別也有講究。食用牛肉以三至四歲之間者為佳，牛犢肉雖嫩但卻有肉味不足的缺陷，多數獸肉都是雄者較雌的為佳，牛亦無例外，箇中更以閹牛為上選。

食用牛肉不同部位肉質不同須量材而用，或烤或燒，或煎，或燜，或燉⋯⋯各有所宜。

國際間有英、美、法三大制鼎足而立。同一部位英制與美制有不同稱呼，比方說牛前腳英國叫Shin，美國稱Shank，區區也給它弄得糊塗了多年才漸漸搞清楚。

我們吃牛肉雖然沒有英美法國人那麼講究，一條牛沒有那麼複雜的區分，但行內也有些鮮為外界所知的心得。例如上面提過的「風門柳」與「牛腩包」便是全條牛最嫩的部位，許多人吃了一生牛肉，不但未吃過連聽也沒有聽過。

與牛有仇？

早上飲茶擬叫牛肉粉卷，吾妻止之，道：「昨天餐餐都吃牛肉，今日應轉一下口味了吧？」

區區這才省起果然宛如與牛有仇，一日三餐都吃牛肉，只好從善如流，改吃鯪魚角算了。

那天早上吃過牛肉球，午膳約了女兒去Teca，怎料剛過十二時已經預訂滿座，只好一家三口去吃泰國菜。一家有二十年歷史的泰國菜館歇業之後，花落花開又再有人重張泰菜旗鼓。投資肯落本，裝潢很「潮」，區區始而以為是西餐館。

這天叫了豬頸肉炒粿條、海南雞飯和泰汁紐西蘭西冷。奉送的頭盤揀了燒茄子、冬蔭功和粉卷，都中規中矩。可是主菜卻乏善足陳。

炒粿條最大優點是夠熱，雞飯竟然沒有醬汁，「西冷」的肉質滑潺潺顯然曾受鬆肉粉摧殘，最奇怪的是那泰汁，只有現成調味品

的味道，完全沒有湯底肉味，想是索性用清水煮汁，連雞粉牛粒也省掉了。

一層樓有兩家泰國菜館，都是走「摩登路線」是打埋身肉搏白刃戰的生死鬥。黃金旺地商場租金不便宜，午市每位幾十元平均消費也未見旺態，食肆鱗次櫛比優惠花招教人眼花撩亂，光是靠便宜效力也亦有限。

晚上，在FCC區區叫了個紅酒牛肉批，吾家小女與她媽媽分嘗一臠都說很好味，牛肉與濃肉湯作底的紅酒汁燜透備用，蓋上酥皮焗香便可以奉客。

也不必用甚麼西冷、肉眼、牛柳等貴價肉，原汁原味自然美味可口，加上熱度帶出酒香肉香更顯魅力非凡。

甚難明為何中菜以至豉油西餐、上海菜，都作興用鬆肉劑去醃牛肉，不但破壞了肉的質感，更使鮮味流失，簡直是味同嚼蠟。

往昔本地牛肉硬韌，借重梳打食粉軟化一下也還罷了，尋且濫用於醃雞、醃排骨，醃豬肉更是莫名其妙的妄作胡為！

美國牛・焗蟹蓋

「羊癡」除了羊肉之外，最愛吃美國牛肉，對價錢更貴的日本和牛反而沒有那麼大興趣。也非純然從物有所值角度來考慮，主要還是口味問題，個人頗嫌和牛嫩滑有餘而肉味不足。

那天去Jimmy's Kitchen午膳見正在推廣美國牛肉。食肉獸無復當年勇，中午也不想吃太多肉，一份二百八十五克（近十安士）肯定太多，正躊躇間老友說：「不如我們各自要個頭盤之外，來份西冷大家分。」

這果然是個好主意。

久違了美國牛肉的滋味，更對這件只有半掌那麼大的牛肉分外珍惜，慢慢咀嚼細味覺得分外好吃。

但，美中不足的是：淺嘗即止未能滿足饞癮！

於是這晚一家三口特地專程去樂意扒房吃美國大牛扒去也。

樂意的美國肉眼扒重達十六安士——足足一磅（約五百克），

三人分享每人也有五安士以上，因此頭盤也自我約束分享一個法式焗蟹蓋算了。

澳門佛笑樓的葡式焗蟹蓋是享譽多年的招牌菜，以真材實料、蟹肉豐盛而膾炙人口。

不過，區區總覺失諸太乾，個人口味喜歡吃洋葱與蟹肉比例較為軟滑適口的版本，面對澳門觀光塔的利安餐廳做得最合口味。

樂意的法式焗蟹蓋雖然蟹肉甚豐，但有足夠的Mornay Sauce調劑，不但鮮美且柔潤滑膩可喜。用匙舀取放在焗得香脆的法包片上吃，更是非常可口。

這焗蟹蓋分量可也不小，一客兩位共享固然綽綽有餘，我們一家二口分享也亦恰到好處，不致影響了欣賞美國優等肉眼美味的樂趣。

老派fusion粵菜也有釀蟹蓋，但大多數以炸代焗，風味自有天壤雲泥之別了。

蜆介通菜牛

　　飯局中有人點白灼通菜。

　　區區愕然以為自己聽錯了，也許是這位仁兄一時說溜了口，把「生菜」說錯為「通菜」。

　　便補一句：「白灼通菜？」

　　他點點頭，說：「清清地，很不錯。」

　　區區不再作聲。

　　後來與朋友談起才知道白灼通菜是相當流行的潮流菜，只好暗歎落伍，追不上此時此地的口味新潮。

　　通菜一向慣以味濃的調味料匹配，如蝦醬、腐乳之類，敝鄉順德有一個很美味的小菜「蜆介腐乳通菜炒牛肉」，除了腐乳之外更還加上香濃冶味的蜆介，可真是妙趣橫生，滋味奇美。

　　而今香港食肆十居其九用旱蕹，即身短莖幼的那種，很少見水蕹。其實水蕹菜蕙嫩滑，莖桿爽脆。風味凌駕旱蕹。也許是嫌初加

工麻煩故摒而不用。

水蕹菜須用手摘，忌用刀切或剪——據說沾了鐵器便有鐵銹臭味。摘蕹菜之時還須把莖桿捏破，一則易熟，二則利於入味。

而今食肆員工伙食的菜也由外邊改淨交來，也沒有「雜婆」做下欄工夫，一條水蕹菜初加工也這麼煩誰還會去採用？

炒通菜須先用油鹽起鑊炒至軟身，然後才加蝦醬、腐乳或蜆介等調味品，如此一來菜味才能與調味品交融而達到和味的效果。

蜆介腐乳通菜炒牛肉以蜆介味為主導，腐乳只是輔弼之材故用量不宜多，三分之一至半塊已足。

而今一般的做法是先把通菜放在加了鹼的沸水中「炟」熟，菜的真味已被破壞，徒落得一副毫不自然的青青綠綠顏色賣弄風情。這種形在神亡的菜不論加蝦醬、腐乳或蜆介去炒都只是貌合神離同床異夢的怨偶，縱然湊在一起也離行離列，和合不起來了。

私房蠔油

　　歲晚好友饋以其貌不揚但有真味的「私房蠔油」，鄭重囑咐必須放在雪櫃，因為沒有加防腐劑。

　　而今市面上的大路「蠔油」都是加工調味品，有些產品在標籤上的英文只稱為Oyster-flavour Sauce蠔味汁，相信是與即食麵那包調味料甚麼雞味粉、海鮮味粉差不多了吧？

　　蠔油是粵菜風味特色的棟樑，粵菜的紅燒、紅燜之所以與其他炊菜系有別端在茨中有蠔油。

　　當年粵菜之所以能在上海食壇嶄露頭角非靠鮑參翅肚、游水海鮮，而是一味「蠔油牛肉」一箭定江山。

　　蠔油與牛肉也真是珠聯璧合的妙配。牛肉鮮味豐厚，蠔油的冶味非常搶口。一件蠔油牛肉進口，蠔油的冶味如搶灘的先頭部隊先聲奪人，一經咀嚼牛肉的豐厚鮮味如支援先鋒的大軍排山倒海而來以雷霆萬鈞之勢完全征服千千萬萬的味蕾。

或曰：吃蠔油牛肉多矣，為何沒有試過上述的感受？

　　是的！因為近年的蠔油缺乏天然、自然的冶味，牛肉的豐厚滋味被鬆肉劑破壞無餘，充滿口腔者是假味和鬆肉劑的澀味，風味簡直是背道而馳，這也是近今「蠔油牛肉」漸成冷門的原因。

　　蠔味與牛肉味有相得益彰的效應，西餐的Carpet-bag Steak便是在牛排中藏有一隻鮮蠔，亡友簡而清生前很喜歡吃。

　　優質蠔油也是吃白切雞的上佳佐料。

　　鮮味不足的雞蘸一蘸蠔油薑葱茸頓然別有一番滋味，與含有大量味精的沙薑油有很大差別。

　　難得老友厚賜如此妙品區區靈機一觸決以之弄個「薑葱蠔油瓦罉焗雞」，這也是多時未有吃過的佳味了。

不良炒牛奶

　　天下文章一大抄！食譜更多如此例子，更糟糕的是抄食譜者也許完全是個外行根本不辨好歹，生吞活剝搬字過紙以訛傳訛也在所多有。

　　看一本外省出版的書《名食DIY》教人製作「大良炒牛奶」，主料：牛奶二百五十克、雞蛋六隻、鮮草菇十五克、菱粉三十克。輔料：精鹽少許、味精十克、生油一百克。製作：蛋取清、草菇切粒，全部調成蛋奶糊，下油小火炒至嫩熟即成。

　　各位有興趣不妨依樣胡蘆DIY一番，當知此書之混帳！

　　說老實的，如此這般的「炒牛奶」不但絕非「大良炒牛奶」之正道，而且菱粉與味精都極度過量，風味惡劣根本沾不到「大良炒牛奶」的邊，也許改稱為「不良炒牛奶」更為貼切。

　　順德美食竹枝詞詠大良炒牛奶：「鮮酪炒來味倍香，大良巧手早名揚。嚐來一簋鮮留頰，軟滑清甜見所長。」

炒牛奶固以優質鮮奶「金榜滴珠水牛奶」為主角，但也須得有適當輔料提鮮和豐富其口感才能彰顯這個鳳城名菜的高妙滋味。

當年永吉街陸羽茶室「廚師狀元」梁敬的菜譜，不但有蟹肉、欖仁、火腿茸剁芫荽和炸米粉，為補香港市面一般鮮奶濃度不足的缺陷特地加進蒸發了部份水分的罐頭淡奶以增添乳香酪味，不是徒靠倚重蛋白、菱粉、味精那麼粗糙簡陋。

「大良炒牛奶」據說是大良橋珠酒家首創，瞬即傳遍省港澳，二十世紀三十年代上海新雅粵菜館更以此菜和蠔油牛肉為鎮店名菜。

大良炒牛奶各師各法，所加輔料不拘一格，但都不出蟹肉、蝦仁、雞肝、火腿茸。工藝屬別樹一幟的「軟炒法」，講究裝盤層層覆蓋堆成小丘，紅白金黃錯雜相映成趣，賣相十分漂亮。

豬膶・牛仔肝

永吉街時代陸羽的豬膶蒸排骨。

銅鑼灣敍香園的白灼腰膶。

上環竹樹坡合記的生滾豬膶粥。

那些豬膶都是鮮美嫩滑、爽脆而可口。

家常便飯的枸杞滾豬膶湯加「波蛋」，蘸豉油、熟油吃，只要不過火，風味也很不錯。

自從膽固醇之説興起，大家對內臟都懷有戒心，反應過敏的朋友更以洪水猛獸視之列為禁忌。

區區個人愚見一向以為膽固醇及嘌呤含量高的食物只要減少進食的頻率，偶一為之就是放縱一下亦無大害。

最遺憾的是內臟佳味難求，近年吃豬膶燒賣、豬膶粥鮮有稱心滿意之作，也許是因為已成冷門貨轉流慢賣到殘了風味自然大受影響。

近年一窩蜂追捧法國肥鵝肝，傳統西餐的煎牛仔肝卻差不多被遺忘了。

牛仔肝calf liver的地位僅次於雞肝，是雜扒Mixed Grill的支柱之一，也可以獨當一面，原件烤焗或切厚片煎。

區區對法式煎牛仔肝和英式煎牛仔肝都相當喜愛。前者是帶紅酒汁，後者則是乾煎配煙肉、焓馬鈴薯和檸檬角，是很適意可口的簡單one-dish-meal。

在香港牛肝向不值錢，但這種街市肉枱牛肝與西餐的牛仔肝有異，那股濃味不但有些人難以接受而且口感粗而帶硬，連滷水牛雜也少見派上用場。

老番不愛吃豬肝，把它排在榜末，一般很少獨當一面登盤上桌，只用作製肝醬或釀腸的材料。

而今超級市場貨架上的「肝醬」大多數是「豬肝醬」，新派粵菜廚房卻「貓毛當貂鼠」，竟把它當作「鵝肝醬」去配片皮乳豬、片皮鴨真是天大笑話。

紅燒肉

樽前吹水月旦風流人物，眾友對毛潤之文采多表讚譽，至於飲食有人說他只懂得吃辣椒炒豆豉、紅燒肉，以至後來填了首詞有「土豆燒熟了，再加牛肉，不要放屁」的句子，雖然是批蘇修的借喻，但「反修」而連「土豆煮牛肉」的東歐名菜Goulash也拿來大反一番，可見對飲食文化簡直不知所謂。

對此評語區區卻有保留，且不說「土豆燒熟了，不加牛肉」的素Goulash，但辣椒炒豆豉和紅燒肉都可以是相當可口的美食，不宜以其不值錢而賤視之。

區區絕不介意來一碟辣椒炒豆豉，一盤紅燒肉下半斤紹酒，佐碗陽春麵。辣椒豆豉炒得香，紅燒肉燒得好，風味絕對不俗。

「豉椒」是粵菜主要傳統味型之一，風行五湖四海蓋有年矣。豉椒炒牛河，豉椒蒸排骨，豉椒蒸魚魂，豉椒爆雞……都是廣受歡迎的粵菜。

不過話說回來，近年吃到的「豉椒」卻鮮有合格之作，滿目滔滔都是形似神亡的劣品。尤其是那些死死實實，略無豉香與豉味的豆豉更是混帳之尤！

傳統粵菜入饌的原粒豆豉——如豆豉雞，豉椒排骨——都必須先經過入味蒸酥的工序，加糖、雞脂、蒜茸、陳皮、紫蘇、紹酒和鮮湯蒸至發脹酥軟，這些入口酥化，芳香、冶味的豆豉可以說是豉椒名菜的靈魂。

以這加工豆豉去炒切小塊的青紅菜椒和辣椒十分可口，倘然再加些切丁五香豆乾和豬油渣更自有一股「殺死人」的魅力了！

區區一家三口都愛吃紅燒肉。區區摸索出先燒後燉再回燒的三部曲妙法，終於得達肥而不膩，潤而不油，肥肉香滑腴美，瘦肉不黏牙的境界。

把五花腩變為美食歷程之艱難較煲發鮑魚為甚，方今之世講求功利人人都希望得成鮑魚廚神，有誰會去為賣不起錢的紅燒肉花心機？

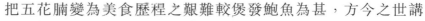

士多啤梨骨

　　不知道「士多啤梨骨」的始創人是不是「佳肴區」，但區區記得清楚當年因為看見克街佳餚店門前有「士多啤梨骨」的廣告而過其門而不入，理由是一向對士多啤梨沒有興趣。

　　「士多啤梨」strawberry草莓也，是果醬、雪糕以及西式甜品的熱門材料，以之作肉排的主要調味個人管見總覺得有些怪異更非個人口味所喜。愚意以為與其如此，不如索性用粗條橙皮果醬做個「香橙骨」更為適口了。

　　近十年「士多啤梨骨」愈來愈多人仿效，雖然屬東施效顰者多，但也說明這個fusion菜已為市場接受了。

　　崇德社高爾夫球友一年一度聚餐選中了同樂軒，區區把歷年的「美食之最金獎菜」湊合成菜單：玫瑰醉香鴨、金鑲玉、蒜茸蒸龍蝦、砂鍋豉油雞、龍蝦頭爪粥、肉絲炒麵、榴槤酥＋蘋果酥。

　　一試下來，覺得既有蒸龍蝦與龍蝦頭爪粥，再加蟹肉燴鮮茄的

「金鑲玉」便覺渦分偏重貝殼類海產。

有人提出代之以「士多啤梨骨」立刻獲得多數支持，可見此菜之深入人心。

女士們覺得這菜單雖不錯，但嫌欠缺蔬菜。區區本來建議「炒交通燈椒」跟「士多啤梨骨」同上，紅黃綠色彩繽紛與紅艷的排骨輝映相當不錯。

但後來卒改為增加一個「火腿茸雞汁煮小棠菜」，禽畜蔬菜平衡整份菜單理想得多。

世界盃鳴金收兵之後，飲食業都鬆一口氣。「半夜波」不但打亂了香港人的生活秩序也對食肆生意造成嚴重打擊，晚飯市道首當其衝，平時相當旺場的地方九時過後也已零落，因為球迷紛紛「早抖」先養足精神準備中宵起床觀看球賽，如此一來連帶影響早茶生意也呈買少見少了。

食鴨不見鴨

　　香港庸廚「華東遊」回來大放厥詞說江南名菜「冇啖好食」，吃來吃去都是黃鱔、豬肉而已。

　　「旅行團大棚伙食」水準如何稍有腦者也知道是甚麼一回事。區區深信他吃到的所謂「江南名菜」無非都是徒負虛名的起碼貨而已。更加上由於對江南飲食風尚文化懵然無知根本是牛嚼牡丹，就是佳肴美饌當前也不懂得欣賞了。

　　區區便曾經聽過一個潮州魚蛋佬大彈特彈「上海魚蛋」不夠爽韌，卻不知大江南北的魚丸都是以軟滑為貴，根本並不刻意追求爽口。

　　也有過一位朋友吃過無錫地方名菜「腐乳汁肉」之後大彈腐乳味不夠，卻不知腐乳汁肉根本就沒有腐乳汁，不過是以其形似腐乳——香港人稱「南乳」的紅腐乳，色也帶紅故名。

　　這個菜傳說清光緒三十二年由無錫聚豐園廚師王榮初始創之時

倒是用腐乳者，後來再經歷代廚師改進，自入民國以來便以紅麴米來取色了。

腐乳肉的烹製十分細緻，上菜之時是一方方的豬五花腩肉，吃來卻是別有醇厚鮮美的味外之味，絕非只是豬肉那麼簡單。

卻原來箇中別有玄機，燉五花肉之時在面上蓋一隻滷鴨，讓鴨與豬的香和味交融故有此非同凡響的滋味。

以「南乳扣肉」的尺度來評價「腐乳汁肉」非特不宜，更為識者笑大口了。

井蛙不知井口之外的天空故多鬧自以為是的笑話。

幾十年前有個「大天二」在澳門開酒樓盛意拳拳以網鮑款待香港撈家的新寵。

不料貴客停箸不動，他問是否不喜歡吃鮑魚？

答案竟然是：「都未熟，點食？」這位細嫂來自歡場出身窮家從來未見過溏心網鮑，還以為是未熟透不敢起筷！

黑豚火腿靈芝雞

櫻井從日本帶回家鄉名產「黑豚火腿」邀得偶像江獻珠女史駕臨品嚐早便叮囑區區務須也來一試。

區區知獻珠這半年謝絕應酬深居簡出，肯不辭遠道而來忒是難得。

最可惜者咳嗽將瘥，飲食自須更加小心，不敢陪天機兄飲Trockenbeerenauslaes頂級Eiswein。

這晚吾友「肥豬強」貢獻自養「靈芝雞」。味鮮、肉嫩、皮爽、脂少，區區向他道賀：「不枉你花了無限心機，終於修成正果了。」

「肥豬強」說：「而今又禁散養了，連自奉和饋贈親友分享亦不可得，甚麼心血都盡付東流！」

區區說：「千萬不要氣餒，快去了解申請牌照之事，且看有甚麼途徑可行得通。相信只要做足所規定衛生措施對公眾健康不會構

成危害，到防疫高潮過後大有機會可以酌情處理。」

「肥豬強」先後養了兩批「靈芝雞」，第一批自「雞花」階段便開始在飼料加靈芝粉，第二批是在換毛的「雞仔」階段才吃靈芝，兩者比較肉質與雞味都以前一批為優，區區吃到者雖是後一批已覺十分滿意了。

「肥豬強」說：「最大的鼓勵是送第一批靈芝雞給江獻珠老師討教之時，她沒有提甚麼意見，只問幾時再有第二批吃？我高興得整晚也睡不穩。」

櫻井帶回來的日本黑豚熟火腿肉質嫩滑，瘦肉不柴，肥肉不膩，鹹度適口，鮮味濃厚，忒是良品。

倘然而今市面上的大路「熟洋腿」一般只能打個五十分的話，日本「黑豚熟火腿」便起碼值八十分了。

「肥豬強」最近也從國內引進「黑豬」試養，不是金華的「兩頭烏」全身黑只有肚部有白毛。風味如何期以清明左右才有分曉。

氽雞片

　　儘管煎堆、油角已經不為時尚，拜年煎糕奉客也不多見，上酒樓伙計例必介紹「好市發財」的陋習亦逐漸修正了，但過了元宵大家在心理上還覺得新正的油膩仍存，不期而然都想吃得清淡一些。

　　區區一向不是飯桶卻是湯鍋，每飯無湯不歡，老火湯隨便可盡兩三大飯碗。可是面對着那足料而夠火的「年年好市發財大利湯」只飲了半碗應個景便擱下了。那豐盛的湯料蓮藕、蠔豉、髮菜、豬脷根本提不起興趣動箸，換了平時怎肯錯過？

　　那天午膳與經常一道飲飲食食的朋友談起這Chinese New Year Syndrome大家均有同感。時下酒家的老火湯料過多味太濃是其通病、味道濃如肉汁非但殊不可口反教人覺得濁俗難耐，可厭處與甚麼「翅湯」、「鮑汁」不相上下。

　　老火湯不論材料斤両與火候都貴乎恰到好處，絕非狂落肉料煲它六七個鐘頭便是好湯。

那天午膳區區點了個清水滾鹹蛋、芥菜、鮮菇、肉片湯大家都覺得十分受用，有朋友道：「老友小敘這固是好湯，可惜未能以此款客。可有甚麼既不落俗套又不失禮嘉賓的午膳便酌好湯呢？」

　　區區建議他不妨來個每位上的「竹笙、榆耳氽雞片」，有湯有菜，喝過鮮湯還有不少可口湯料可送半碗絲苗白飯。

　　氽雞片是傳統粵菜，例有菜苠、鮮菇、火腿片等配料，再加竹笙和榆耳材料相當豐富了。

　　這是個以清鮮是尚的「骨子」菜，改傳統的湯鍋上而用每位蓋碗不但頓顯得雅致也更符合美食美器的美膳飲食文化的要求。

　　最可惜的是而今火腿、雞片滋味都難寄厚望，須得有上好醬油薦食才能起提鮮作用。

　　但在貴價食肆席面豉油亦多粗劣，難道連調味品竟然也要自備？

菜芛炒雞球

品紅之局承有學問的朋友指點:「菜薳」的正確寫法應是「菜芛」,芛讀尹,菜之嫩芽也。廣東話保存不少中州古音,一如而今普通話把「尹」讀如「遠」。此說見於《廣東俗語考》。

香港飲食文化愈來愈教人搖頭興歎,連菜芛也愈來愈長,名店也如此,市場亦接受,我們還有甚麼話好說?

一條菜心去了外邊老莢和粗梗之外,摘去菜花,只取頭度的「寸二菜」,是供炒水魚絲、山瑞裙之用的精品,次為「菜芛」,也有長短之分,短者二寸(約二吋半),長者三寸(約四吋),逾此長度便只可叫「郊菜」了。

香港的灼油菜或灼菜心。原棵六、七寸長,老葉、粗莖、菜花統統上碟奉客,居然連剪一刀也懶得去做。用箸挾起來吃,油水淋漓四濺吃得狼狽萬狀,如此這般的東西只可稱為「豬菜」——餵豬的菜,區區當真不明付錢的爺們怎可以忍受?

一條菜心的初步加工往昔是用手摘菜笋，後來食肆多改為剪。但講究者已嫌有不足之處——因為剪刀沒有手指那麼敏感可以辨識老嫩以決定取捨。

　　往昔先父吃「大雞三味」其中熱門冬令之選是菜笋炒雞球，其時時蔬季造分明，冬食菜夏吃瓜，不像而今一年四季都有菜心供膳。

　　我們也很欣賞潮州菜的「方魚芥蘭炒雞球」，當年斗記和天發都優為之。近十餘年區區尋尋覓覓，始終未逢滿意之作。

　　一回在高檔酒家點了「菜笋炒雞球」更不勝唏噓。長達四寸的菜整整齊齊地排列碟中，上面鋪着一層平平整整的厚雞片和幾片火腿，分明是雞塊腿片併菜心，那裏是雞球炒菜笋？

　　真想不到而今食肆刀手連雞塊與雞球竟然也亦不分了！

大內雞球

傳統順德菜有「大內雞球」，是起骨雞肉炒時菜。冬天菜心、芥蘭當時得令之際取其嫩芛加鮮菇冚炒雞球，葷素結合，嫩滑鮮美的雞球借重爽口鮮蔬的烘托更顯得滋味不凡。

或以為如此佳饌大有資格列為御膳供奉九五之尊，故稱「大內雞球」，其實不然。據老鄉親說另有一則饒有趣味的掌故。

「大內雞球」是三十年代順德大良燦記老闆兼頭廚「雷公燦」首創，原名為「大肉雞球」，其時食肆盛行用五色紙寫了新菜張貼堂上以為推介，到六、七十年代香港的舊式小食肆仍保留如此風貌。

「雷公燦」掌勺功力深厚卻疏於翰墨，執筆之時把大肉的「肉」字寫少了一個「人」，「大內雞球」便由此產生。

正是錯有錯着，此別致的菜名助長了這個好菜的銷路，行家紛紛仿效很快便成為鳳城名菜了。

後來「燦記」又把另一招牌菜「大地田雞」也改稱「大內田雞」，成為鎮店孖寶「大內雙珍」。

「大地田雞」有不同版本，有油泡田雞灑上炸香研碎的大地魚末，也有以酥炸大地魚肉與田雞同燜。

燦記的「大內田雞」是連皮田雞加炸麵筋、花菇、火腩和炸大地魚同燜，是個滋味十分豐美濃郁的好菜。

昔時順德人認為吃田雞宜於秋冬，因為那時候的田雞方夠肥美。未有大量人工飼養之前，田雞的自然成長規律是仲春才從蝌蚪變化為蛙，夏日田雞尚瘦小，如江孔殷太史以之燉元貝、扁尖、冬瓜湯取其鮮味自無問題，燜炒入饌便沒有甚麼可吃了。

而今水陸產品的季造因素影響愈來愈小，十餘廿元一斤的田雞已經十分肥壯，鮮味厚薄是另一問題。燜大內田雞單取田雞腿，上身熬了汁以代清水加其他配料同燜，當可彌補一下味薄的缺憾矣。

吳淞街叫化雞

　　讀友盧君賜函詢及油麻地吳淞街緣何竟變了吳松街？並對「師爺」妄作胡為大表氣憤。

　　區區對吳淞街已被閹割為吳松街一直懵然不知，因為自從天香樓遷離之後已很少去了。

　　香港街名被殖民「蠱蟲師爺」瞎搞一通改壞了者多的是，最混帳的例子是中區下半山的贊善里竟曾一度被改為盞沙厘里！那條街英文叫Chancery Lane中文作贊善里可謂譯得音義俱佳，為何無端要改為狗屁不通的怪名？

　　因人才缺乏早期譯名良莠不齊情有可原，其後不但沒有進步反而倒退便不可恕了。

　　九龍油尖旺區不少街道都是中國地名，如上海街、山東街、漢口道……，吳淞街是其中之一，絕不能任意閹割去三點水而成為吳松街。

莫謂有三點水，無三點水，是淞還是松無關宏旨，香港回歸之後是中國的一部份，怎可以連中國地名也任意竄改得不倫不類，非驢非馬？不知道街名這一碼子事是歸哪一個衙門去管的？撥亂反正應該不會太難吧？

　　天香樓在吳淞街時代區區常偕老番去吃Beggar's Chicken，主要是看把那一團泥摔入鐵桶的原始粗獷堂上表演為樂。因為這比金盤捧出蓋上紅布請客人主持「扑槌禮」的造作有趣得多。

　　說老實的個人對叫化雞、山東燒雞之類的老火雞並不欣賞，南方人口味始終偏好堪堪僅熟的粵式浸雞、蒸雞，以至西餐的「扒」雞（grilledChicken）。

　　「扒」如「的士」、「上多」、「冧把」是港式詞彙，指用明火爐燒烤（grill），因烤爐有橫鐵bar便稱作「扒爐」，把在爐bar上燒烤叫作「扒」，引申到那塊肉也稱為「扒」，不論作動詞還是名詞都讀第二聲，不是粵菜「柚皮扒鴨」的「扒」讀第一聲。

潮州百花雞

　　區區以為「江南百花雞」是最不知所謂的雞饌！

　　飯局新知是個潮州食家，他說：「看過你大彈特彈〈江南百花雞〉的文章，很同意你一針見血痛貶為有名無實的見地。不過多年前吃過潮州家廚的『百花雞』並非剝層雞皮瓤蝦膠，既有蝦味也有雞味。廚孃據說是潮州世家棄妾有幾味掭手菜，如『百花雞』、『焗蟹塔』、『荷包鱔』食肆出品望塵莫及。」

　　據潮州食家說，潮州「百花雞」是把雞起骨，留貼皮的一層薄薄的肉，蝦膠混入肥肉粒和雞肉粒，塗勻在雞肉上，撒火腿茸和香芹屑，蒸熟之後切件，澆蓋上湯琉璃芡。既有雞皮雞肉的香滑鮮美，又有蝦膠的爽口。火腿與香芹的鹹香冶味點綴，風味自比粵菜的蝦膠瓤雞皮高妙得多。

　　區區忖測粵菜的江南百花雞原始版本也應是連皮帶肉，後來才偏離原路走火入魔誤入歧途變成不倫不類，尋且習非成是，本來面

目淪亡殆盡了。

香港食風一向似乎不重時令，多年前廣州食家也以香港大熱天時亦盛行吃「炸子雞」、「鹽焗雞」為怪事。夏日雞饌以「金華玉樹雞」、「上湯菜膽雞」、「鮮荷葉蒸雞」……等最為適時，但此時此地都成冷門貨。

半個世紀以來雞已從珍饈變為日常食物，五十年代買隻雞起碼也要十元八塊，相當於媽姐十日人工，也貴過一罐車輪鮑。

筵席菜單「九大件」雞與翅幾乎佔着同等重要地位，怎似而今二十餘三十元便可以買到一隻冰鮮雞那麼濫平濫賤，誰也可以隨時吃到大大的一隻雞髀。

當年良種走地雞的風味與今天以科學飼料催谷的快大雞也不可同日而語。適當材料難求也是不少傳統佳肴日趨式微的主要原因。

一件鹹魚半隻雞

去一家逾十年沒有光顧過的食肆，吾家小女看見壁上特別推薦的「四寶」之中有脆皮炸雞，便先點了半隻然後才看菜譜。

她突然失聲而呼：「怎會這樣的？一件鹹魚與半隻雞同價！」

區區一看，一件煎鹹魚六十元，半隻炸雞亦然。可是其他的雞饌如「菜膽上湯雞」則要一百一十元了。

無何炸雞來了，碟頭相富豐盛，皮色甚深，部份且帶焦。一般而論不算太差，但也只能打個E。

皮頗脆，肉已老，但骨尚帶紅。就是解凍未透，浸雞與炸雞用火俱過猛故有如此現象。

吾家小女對雞沒有讚也沒有彈，但嫌唸汁沒有味，便告訴她：「六十元半隻雞怎會用十幾元一小瓶的英國貨？」

五十八元的「生炒上排」是炸上漿碎豬扒，不過脆漿未夠脆，酸甜芡不太差但也只是大路貨。吾家小女說：「陸羽的好吃得

多。」

　　當然價錢有別，一碟等於兩碟，自未宜相提並論。

　　常言有道：「十年人事幾番新」，人事是否有變不得而知，但從這一頓飯的體驗而言，此店倒是依然故我，十年沒有來過並沒有甚麼損失。

　　回家途中對吾家小女談六七十年代銅鑼灣電車總站鳳城的野雞卷、炒牛奶、金錢雞、蒸粉果、雞包翅……，大有「此情可待成追憶」的感慨。

　　八十年代在鳳城天井還看見有一箱「曲碳」，這是五十年代以前酒家的最高級燃料。

　　未有「油渣」之前食肆都燒油煤，高檔者會用「鴻基無煙煤」，「曲碳」是「焦煤」焗去了煤油的火力特強無煙煤，英文叫coke（不是可樂！），故香港鹹水英文師爺把它譯為「曲碳」。

食雞蛋

　　蕪文談及「蛋花湯」惹起幾位朋友大發思古之幽情，勾起小時候吃雞蛋的美味回憶。整頓飯盡在談食雞蛋。

　　說起來近年在外邊偶爾來個「蛋花湯」也已迥非舊時風味，主要是食肆之作都用「二湯」，一派庸脂俗粉之氣盡失天然之美了。

　　小時候家裏的「蛋花湯」是油爆薑絲，下清水，沸滾時徐徐注入蛋液，再微沸便傾在預置葱花與生抽的碗中，蛋香、葱香、醬香交融，淡淡的清鮮滋味，就像一篇充滿逸韻的小品文，因為不媚俗，不會人人歡喜但自有解人欣賞。

　　在區區的記憶中，吃雞蛋苦樂參半。

　　先說苦的，小時候最驚吃烚雞蛋蘸豉油熟油送飯，因為蛋白寡淡，蛋黃涸喉，十分難啃也！

　　最高興是吃煎溏心荷包蛋，焦香，嫩滑，蛋味濃郁，是蛋饌中的雋品。

最簡單的莫過於打隻生雞蛋在碗底，盛熱飯，加一湯匙豬油，半湯匙老抽拌勻吃也別饒滋味。

蒸水蛋也是妙品，有粉絲、蝦米、瑤柱、肉茸固佳，就是只加些薑汁、葱花、鹽花的「蒸西施蛋」也甚清新可喜。

近年在外邊吃蛋最愜意的是西式的Egg Benedict和中式的燻蛋。

前者是在英式鬆餅上先放一塊火腿，再放浸溏心蛋加忌廉汁或荷蘭汁稍為焗香，風味高下在最後階段的火候控制，蛋黃一熟便完蛋了。

燻蛋以蘇浙雪園系者最合口味。色如琥珀，蛋黃流金，茶香撲鼻，略灑些須花椒鹽而食，美味無比。最遺憾的是吃半邊便有逾百毫克的膽固醇，吃一隻便佔去每日的限額半數了。

蛋之美在黃，淨白便一無是處，故區區一向極憎惡蛋白炒飯！

乳香金銀蛋

　　朋友拿了一份中山風味的菜單回來問區區可有甚麼值得借鏡。

　　區區對「腐乳炒滑蛋」頗感興趣，但考慮到單憑腐乳和雞蛋就此炒出來奉客很難定價，必須變個花樣，便着廚房炒個「乳香金銀蛋」一試。

　　乳香者，腐乳也。金銀蛋是把蛋黃與蛋白分開，蛋黃加腐乳汁，蛋白加少許瑤柱汁分別調勻。先炒金蛋（蛋黃），半凝固時加蛋白混炒，八成半熟上碟，撒把葱花立即傳菜，到上桌時便堪堪僅熟了。

　　不料端出來的完全是兩回事，金蛋在上，銀蛋墊底，還有幾隻大大的蝦仁。一試之下味道不錯，但也沒有甚麼繫人心處的魅力。這是個典型的酒家菜，完全缺乏鄉土風味氣息。

　　也許近年香港食風習慣了踵事增華——換言之是「阿茂整餅」，許多廚人已經沒有膽量以獨獻一味強調單純簡約之美的菜肴

奉客了。

　　區區為一個中年廚人講黃埔蛋的故事：蔣介石任黃埔軍校校長之時最喜歡吃蛋婦的炒雞蛋，故後來黃埔蛋成為名播遐邇的羊城小菜。

　　廚人聽罷狀有不屑云：「咁都得？『撈鬆佬』口味認真麻麻矣。」

　　面對如此這般的混蛋還有甚麼話好說！

　　區區愛吃蛋，炒蛋、蒸水蛋、煎荷包蛋。雞蛋可獨獻一味只略加油鹽或醬油便自有天然真味的魅力，入行以來便依賴「師父」的庸廚會認為是天方夜譚。

　　吃潮州滷味除了鵝頭頸、大腸、腩肉之外，滷蛋、豆腐、鵝紅也是箇中雋品。

　　上海菜冷盤之中，溏心的燻蛋可真是教人又愛又恨的小冤家——明知它膽固醇高卻是忍不住口！

　　還有西式早餐的Egg Benedict，區區每隔一段時日便心思思渾忘膽固醇這回事去吃個痛快。

火雞中食

　　酒肉朋友問可否度一張火雞中食的菜單，聚眾同樂過聖誕。

　　這些年來香港的烹飪界為「火雞中食」花盡了不少腦筋，可是這許多心思都如泥牛入水無影無蹤。

　　曾有一陣子香港超級市場有火雞腿、火雞肉賣，近年也消失了，價貴乃是其中一個理由。在倫敦區區常常買火雞腿作湯料，以其價廉而少脂肪，一鎊銀便有老大的一隻，足夠熬一鍋湯了。

　　印象之中香港超市的火雞腿比在和興行買一隻法國春雞還要貴，區區一看價錢便立即把牠放下。

　　小魔怪還小的時候，她媽媽一口氣訂購了兩隻火雞幾經辛苦才總算把牠倆消耗掉。也好，自此之後她再也沒有再提過聖誕火雞。

　　近年的聖誕火雞已比往昔的嬌小，肉質也嫩得多，這些新秀沒有老前輩那麼難啃，但用作中菜材料始終有些格格不相入。

　　一年一度過聖誕應個景吃火雞且來個「三及第」：①四川宮保

火雞丁；②海南椰香咖喱火雞；③韓江菊蔗燻火雞腿。

估計比燒烤瓤火雞更合一眾酒肉朋友的口味。

「宮保雞丁」的麻辣夠刺激，多些炸花生少點火雞丁便容易過關。

椰香咖喱汁易討好，何況好歹也有洋蔥薯仔可吃。

菊蔗燻火雞腿倒是打真軍的過硬工夫，也許手撕蘸梅羔醬會可口一些吧？

在歐洲傳統的聖誕大菜是鵝，這些傢伙是龐然大物，比我們常見作燒鵝的清遠黑鬃鵝姑大許多倍，連火雞也給比了下去，風味如何亦概可想見。談起火雞不免想起往昔敨油西餐館的火雞聖誕大餐，連牛油麵包也作為一個項目榮登金榜餐單長達十道菜，主角的火雞是一片薄薄的又乾又硬束西打個噴嚏也會隨風飛颺，也許是獻醜不如藏拙但求意思一下也便是了。

燒鴨變身

　　香港人愛食雞，吾家便有兩隻「黃鼠狼」，最奇怪的是她母女倆對鴨興趣都不大，又說不出有甚麼特別原因，也許是習慣使然吧？

　　往昔頗多夏令鴨饌，「廚師狀元」梁敬炮製「荔荷燉鴨」風味的高妙，執筆之時想起來也不禁饞涎欲滴。

　　家常風味的荷葉、陳皮、紅棗、生熟薏米、珧柱、連皮冬瓜煲老鴨也是湯肴俱妙的夏令時菜。

　　酒樓午市的陳皮鴨腿麵、鴨腿飯都是夏日的寵兒，天時暑熱胃口疲呆，湯麵與湯飯特別受歡迎。

　　近年鴨饌之所以愈來愈受冷落，鴨本身條件不如前是其主因。往昔煲湯燉湯都揀老鴨公，以其脂肪少而肉味又特別濃厚，不像而今的肥婆鴨煲出湯來滿泛油脂而鮮味寡薄，況且又是龐然大物重凡幾磅遠超三幾口之家的小家庭所需。

而今市面燒臘店的燒鴨也甚便宜。燒鴨開邊洗淨腔內的五香味，切去鴨尾和清除了肥膏，煲冬瓜珧柱老火湯殊為不俗。

　　不少人愛吃泰國菜綠咖喱燒鴨，其實燒鴨煮任何風味的咖喱也甚可口。

　　最方便莫如先把燒鴨斬開六大件，隔水蒸兩小時，到骨肉皆酥的程度。起鑊爆香洋葱粒，加入罐頭咖喱汁和連汁的蒸燒鴨，煮兩沸便大功告成。愛吃娘惹風味咖喱可以隨意加椰奶。

　　咖喱燒鴨隔夜再翻熱滋味特佳，但須注意椰奶須於翻熱時才好添加，如早下擱過隔夜須防變壞。

　　燒鴨滾芥菜、鮮菇湯也是夏日急就章湯菜的雋品。買四分之一隻燒鴨（宜取上裝，即胸與翼的部位）洗去五香味斬件，在鍋中爆香加滿一大湯碗清水，滾至約剩三分之二時，再加入開邊鮮菇和切短度芥菜滾三幾分鐘，便大功告成了。

法國榨汁鴨

每逢朋友問起要想輕輕鬆鬆吃頓法國餐該往何處去？

區區二十年來都會毫不猶疑推介馬哥孛羅酒店的La Brasserie，中文好像叫做「琳珀軒」？

最主要的理由是它不但能夠營造出法國小館子的氛圍——除了鋪上地毯有點畫蛇添足之外，菜肴風味相當地道。

歲暮七八個老友在此聚餐，主題曲是在香港不容易吃到的「銀鐘榨汁鴨」Caneton A La Presse。

這是法國餐聲名卓著的「秀饌」，以在客前「做秀」為主要賣點。熱碟上鋪排薄薄的半生烤鴨胸淋上放在銀鐘榨出的鴨架肉汁奉客。這與我們的片皮鴨、片皮雞一樣都是浪費的食風。

做此菜必須有那榨汁道具——像一口鐘上有圓環，人手操作大力扭動圓環把鴨架的骨與肉汁榨出。在堂上做此菜一般須兩三人侍候甚大陣仗，只為了吃幾片鴨胸是否值得？這就見仁見智了。

這裏的榨汁鴨是比較務實的兩吃，榨汁鴨胸之外更還有烤鴨腿，而且論風味且勝於巴黎名店Tour D'Argent。

法國三鳥名饌：紅酒燜雞、烤鴨胸、煎肥鵝肝都各有可取。吾家小女與她媽媽都是雞癡，區區常弄順德三杯四味雞外也不時做紅酒燜雞。

區區的紅酒燜雞是中西合璧烹調——法國式調味、中菜火候以求嫩滑，不辭「老鼠跌落天秤」之謂「班主自己也讚好戲」也。

正宗法國紅酒燜雞最後須以鮮雞血煮汁，而今雞血難得，只有免了。

不久之前老友Dr. Kivela為吾家小女的法國文化會小朋友示範紅酒雞，以雞肝研磨成漿煮汁滋味比雞血尤有過之，這倒是個好辦法。

肥鵝肝

香港某法國鵝肝入口商說賣光冰鮮、急凍存貨之後在青黃不接階段便只好用罐頭或匈牙利以至中國貨充數。

糟肥鵝肝各師各法秘而不宣，飼料以粟米加油為主還要加維他命C。法國鵝三個月大開始強迫餵飼，每週飼料高達十公斤。鵝肝因含脂量增而不斷肥大，重量可達到近一公斤。

糟肥鵝肝作為美食歷史十分悠久，據說四千五百年前古埃及早已有之，羅馬帝國更是大行其道，法國自十六世紀以來便是宮廷美饌的台柱。

法國多處地方都產肥鵝肝以Gascony者最受推崇，歐洲匈牙利、波蘭、捷克、盧森堡、比利時都有出產，近年中國也來插一腿了。

肥鵝肝之美在那滑如凝脂，入口酥融的質感，風味高下端在火候控制，必須半熟靠生才能充分發揮那甘腴雋美的絕妙滋味，一旦

過火切口不見嫣紅便味同嚼蠟略無佳趣了。當年區區在一家法國餐廳便因近九成熟而打回票。

　　鮮肥鵝肝應質地堅挺而有彈性，如鬆散疲軟瀉油者便是陳貨。

　　肥鵝肝食譜五花八門，不少廚師挖空心思去自創一格，可是弄巧反拙者多，出色當行的罕如鳳毛麟角。一如許多本身自清妍的美食一樣，最簡單的烹調法最能彰顯其優點。肥鵝肝最妙莫如以加生蒜的牛奶浸過夜，用葡萄乾枝明火燒烤，佐以炕麵包和甜味的葡萄酒——請記住，吃鵝肝飲紅酒是土包子的所為。

　　近年新派粵菜頗多學人煎鵝肝，但合格者無多。反而上一頓禽流感疫情打擊鏞記燒鵝停產，老甘推出明爐燒羊腿和蜜汁法國肥鵝肝風味都殊不俗。

　　區區在鏞記搞搞震以薑汁糖酒自煎本地鮮鵝肝，這些年來不少朋友吃過都認為不錯。

紅酒兔

　　理工的老朋友來電：「明天可有空過來吃法國兔肉？」

　　本來剛約了多年舊交午膳，終受不住這難得風味的誘惑，把午膳改為晚飯，抽身吃兔子去也。

　　上回吃兔子一晃十餘年，是在富麗華酒店的Rotisserie，那燜野兔肉硬而韌，而且羶味甚濃，區區一向吃慣羊肉以至西餐鹿肉、黃麞也覺有些過分，自此之後對西餐的hare敬而遠之。

　　這回問清楚是飼養的兔子rabbit，味道如何有待下回分解，但估計肉質應該沒有野兔那麼硬韌，不過也未敢寄予過高期望。

　　理工教學實驗餐廳這一期的專題是「拉丁美食」，餐單有：西班牙集錦小吃，焗葡國馬介休，西班牙海鮮飯，紅酒燜兔肉和葡撻。

　　兔肉是採法國紅酒雞的烹飪法，風味十分近似，但兔肉的鮮味更濃，而且肉質比雞更還細嫩，加上新鮮感的魅力，大家對牠的評

價遠在紅酒雞之上。

粵菜一向少以兔肉入饌，有之亦不過以淮杞圓肉燉之作食補藥膳，外省菜雖較多花樣但也不入主流。

其實兔肉味鮮而細嫩。兔子繁殖快產量大，皮毛有經濟價值，賣了兔毛兔皮已足收回成本，故兔肉售價不高。從營養學觀點來看高蛋白而低脂、低膽固醇，可謂廉而美的肉類。

以個人愚見，不少雞饌都可以兔為之，不但毫不遜色，更有口味一新的吸引。

川菜的怪味雞，宮保雞丁，滬菜的生爆雞骨醬，粵菜的豉椒爆雞，雙冬燜雞，以至於咖喱雞、葡國雞都可以兔代替。

學府的教學實驗餐廳不惜工本，製作認真，水準遠超大路貨而取價廉宜，一向有不少識途老馬熱烈捧場。

半途出家的鴿王

在沙田龍華午膳，朋友盛意拳拳要區區帶兩隻乳鴿歸饋妻女。
區區固辭不得便道：「順帶盛一大碗白粥吧。」

除了乳鴿區區一向欣賞這裏的白粥，因為是專人看火煲出來
的。米粒融化綿滑，且有稻香米味，充分顯現明火白粥那澹中之味
的風采。

曾經吃過連鎖粥店的白粥油炸鬼，淡而無味如漿似糊！只吃了
三分之一便無法吃下去了。

回到寫字樓接順德廚師節幹事電郵查詢香港順德名廚資料。

七十年代為馬會以萬元月薪挖去的陸羽主廚梁敬自是箇中翹
楚。

一手把沙田乳鴿推向世界的龍華鴿王何柏也是順德人，而且還
是半途出家更富傳奇性。

五十年代何柏是托「雲紗熟綢」上街兜售的小行商，常蒙龍華

酒店鍾老太關顧，熟絡了之後談到炮製乳鴿的竅門有條有理，老闆娘慧眼識英雄聘他主理廚務直至九十年代才告退休。

龍華乳鴿風味過人也沒有甚麼秘密。選料嚴格，每週銷售以千計，那鍋滷水淬聚了眾鴿鮮美之味，乳鴿下鍋互相增益鮮味便特別濃厚。一般食肆一年銷量也不及它一週又怎能相比？

有人說那是幾十載陳年滷水之功，那本是外行人的廢話但竟而有飲食業中人以此標榜笑煞行家。

滷水要日日清除渣滓，芳香藥材不時添加，所謂「新滷不及舊滷」只緣肉味未夠而已。

倫敦蘇豪區華都街有一家老店誤信陳年滷水之神效一直不去清理更新，後被衛生當局發現有兩副老鼠屍骨，不但轟動一時更令全行嘩然，因為這對唐餐館形象不啻是致命打擊。

候鳥狀態

　　每年中秋節的前後，區區便進入「候鳥狀態」──等候「口福恩人」貞觀女史的禾花雀。

　　這天剛準備啟程返順德，突接老友傳來喜訊：「鳥來了。」行色匆匆只好拜託老友暫且寄存於她處，回來再作道理。

　　區區素以為「天上禾花雀，地下果子貍，水中花錦鱔」是「海陸空野味三絕」，可真湊巧，都是秋後的美食。

　　禾花雀是候鳥，從西伯利亞那邊南下過冬，晚造禾成熟時來到廣東，吃得胸部和尾部都長了脂膏。

　　野生果子貍吃果子維生。春花秋實夏末秋初漫山果子成熟，讓果子貍吃個不亦樂乎長一身好肉──精瘦而含適量脂肪的肉，不是用爛生果餵飼到渾身肥膏的「肥肥」。

　　花錦大鱔像蛇一樣，也在秋季養精蓄銳準備過冬，故也特別肥美。

禾花雀與人爭食從來便是農民之敵，故一向於晚間網捕除害兼賺些外快，捕得之後立即淹死運銷省港澳，因禾花雀入網後驚惶掙扎虛耗體力脂肪消失，一旦減肥吃來風味也便大減了。

近年廣東經濟飛躍發展，珠三角一片繁榮，澳洲龍蝦、鬚眉也吃得膩了，怎會錯過這時鮮珍品？故愈炒愈貴蓋有年矣。

一自「禾花雀」獲平反從「害鳥」變為「益鳥」──因專家說牠也吃害蟲──之後被列為「二級保護野生動物」，不但香港出發的「食雀團」銷聲匿跡，更沒有人敢公然違反政策沾手作出口買賣，香港老饕只有望風懷想，空咽饞涎。

除了年年「候鳥」，也蒙順德老友關照吃過幾回好雀，他們對政策的理解是：「二級保護──食得唔賣得，益下自己友」。

我們得好雀絕不作他圖，薑葱紹酒瓦罉焗，以存其真味也。

兄妹集體勞動

　　九七之後市面上的新招牌跟隨國內風氣多了英文字母，但錯體英文比比皆是，諸如Fus（h）ion Cafe無端多了個h，一家麵包店Bakery六個字母俱全卻來了個大兜亂變成Breaky！故此收到Sunsine——少了個h——的卡片也不感到太奇怪了。

　　這家新翠「京式、港式」小餐廳是四兄弟姊妹的「集體勞動創業大計」，承租了一家生財工具一應俱全的茶餐廳開檔，位於大道西近東邊街。

　　這個地段入夜後人流較稀，但那晚上座率尚還不錯，想是「抵食夾大件」適合市場要求。

　　主打的招牌菜如「京燒羊肉」、「葱爆羊肉」、「陳皮燜鴨」都是廿餘三十元，分量可也不小。

　　「京燒羊肉」香酥而不油膩，「陳皮燜鴨」脸軟入味相當可喜，區區最欣賞那「羊肉餡餃子」，蘸「京燒羊肉」的醬汁吃甚可

口。

「陳皮燜鴨」是「港式」或「粵式」菜，起碼有十幾廿件的鴨，雖好味卻嫌單調，建議他們不妨配些栗子或芋頭，而且不要忘記加些蔥度添妝打扮一下，觀感便大為不同了。

那「羊肉餃子」也不要加廣東口味的生菜以致破壞了「京味」。

區區下次會關照他們撒一大把「香菜」——芫荽，跟一碟山西陳醋和生蒜，這才有點「燕趙之風」。

執「擔把掃把入場」的檔口是打工仔創業的好機會，尤適合於「兄弟班」。當今不少大集團都是如此這般發展起來。

不過而今租金昂貴，雜費亦多，微薄的毛利減除皮費之後所得盈餘也便有限了。

故兄弟班創業初階，彼此都須有「揰義氣、博前途」的心理準備，這是成與敗的關鍵所在。

只說不吃……

多年前酒後與饞友談起「香肉」的非凡滋味，大家都一致認為遠勝於八十年代在香港曾經盛行一時的「野味」——因為許多根本是有名無實以假亂真，如以豬柳當黃麢柳，當歸燜羊腿充北鹿！其時小魔怪才十歲左右惱了爹爹半天，罵我們那麼殘忍，不是人，居然吃「人類最佳朋友」，是魔鬼化身！

最近有朋自金山回，突然想去澳門食「香肉」，問有何好介紹？

區區告訴他，「澳門食香肉」已成為歷史陳跡，大熱天亦非其時，無謂掾木而求魚矣。

西方人認為吃狗是野蠻殘忍的行為乃畜牧民族心態，因為牧羊犬是牧人的好伙伴好朋友。

許多中國人不食牛，那是農業社會的習俗。耕牛是農夫的好拍檔，鞠躬盡瘁死而後已何忍食其肉？

區區有一個道教朋友不吃中菜牛肉卻食牛扒。理由是中國的牛已經為人類貢獻了畢生血汗完成了神聖使命，值得我們尊重怎可吃牠？

西方的肉牛則不然，生下來不事勞動，享受美草以至玉米飼料，畜牲何德何能來領受如此福分？牠的使命是長一身好肉供我們食用以報養育之恩，故牛扒鋸之可也。

這雖是怪論，可不是完全沒有道理。

順德有句食諺「魚生狗肉不請自來」—— 指吸引力大足以使人不辭冒昧作不速之客。以現代眼光來看前者不衛生後者不文明，故近年區區這個順德佬也捨鯇魚魚生而就海魚刺身，吃羊而不食狗矣。

羊肉、連皮牛尾，以燜香肉之方法炮製，滋味也亦甚美。

區區以肉薑、蓮藕、炸枝竹、青蒜、南乳混磨豉燜羊頭蹄或連皮牛尾，皮糯肉滑，件件有骨落地，酒徒都認為比「三六」更為可喜。

5 時蔬美饌

香菜之邪

　　普通話稱芫荽為香菜，廣東叫芫茜。

　　老北京食家都認為芫荽爆雙脆或雙條的美妙風味得力於香菜之「邪」。

　　「邪」，那是味外之味，專指香菜那獨特的香氣。

　　芫荽也稱胡荽，與胡瓜一樣歷史可以追溯到漢代，是張騫從西域引進的「來路貨」。

　　不論南北菜都多有以訛傳訛習非成是的菜名，如「芫爆」在香港的京菜館子往往寫作「鹽爆」。

　　區區許多廣東朋友都曾被誤導而以為是像「椒鹽菜」那麼的乾身，也嫌不夠鹹香，反而忽略了那別具一格的異香。

　　廣東烹調也重薑、葱、芫荽，往昔街市常見老婆婆擺賣這「三寶」博取蠅頭小利餬口。

　　而今超市買魚買菜都送葱斷了她們的生計，雖有綜援不致淪為

餓殍，但能完全代替小本經營自食其力的滿足與尊嚴麼？

自從芫荽帶有寄生蟲卵之說興，好一些粵菜館都避免成菜之後撒些生芫荽，從衛生角度來看值得嘉許，但在老饕的心目中便覺如有所失了。

區區很愛吃香菜，每以香港新派京菜沒有芫爆雙條、雙脆為憾；往往為了一嘗「芫爆雙條」、「芫爆羊散旦」的滋味而組局去京味居暢懷大嚼一頓。

「雙條」是指豬肚尖和豬腰，「雙脆」是指豬肚尖與雞肫（即廣東菜的「腎球」！），「羊散旦」即羊百頁，都以脆嫩見勝。

吃「芫爆」菜必須人多，箸如雨下，片刻吃個清光，人少吃到香菜的「邪氣」一散風味便立即大打折扣，熱力一失更渾不是那麼的一回事了。

香菜若要吃得放心，粵菜的「香荽陳皮鴨」是絕妙湯菜。

區區常以芫荽、茶瓜、皮蛋滾魚湯，滋味也亦不俗。

涼瓜美饌

　　早上飲茶頗愛吃「五鮮瓤涼瓜」，可惜一入秋冬便沒有這風味不錯的美點——雖然而今一年四季都有涼瓜上市。

　　何謂「五鮮」？這也不必深究，大抵不離蝦、魚、肥肉、蝦米、冬菇之類，風味高下在乎是否夠火候，欠一把火不但口感不腍不滑，入不透味也不好吃。

　　一回茶友吃到欠一把火的瓤涼瓜無明火起之餘追憶起他們家鄉風味的新會瓤涼瓜便不勝感慨，大歎為何美食天堂的大師父竟然比不上鄉下煮飯婆？

　　聽了他細說新會瓤涼瓜，區區說句公道話：「這非關廚技端在方法之異。」

　　卻原來新會瓤涼瓜，先剁爛紫蘇葉、蒜頭、豆豉、加糖和清水把切段去瓤涼瓜燜至收乾水，攤涼後才瓤魚青、肥肉粒、蝦米茸混和的餡料，或蒸或煎各適其適，但都有涼瓜腍滑餡鮮爽彈牙之妙。

此法確比生瓟煎熟才燜高明得多。

　　區區愛吃保持真味的苦瓜，一去其苦便似被去勢的閹人頓變得陰陽怪氣了！

　　新派順德菜有個「茶腿浸三瓜」頗有新意，這是個半湯菜，製作簡易不靠調味品借味純任天然頗得出塵脫俗之趣。

　　三瓜者是苦瓜、茄瓜和青瓜。

　　茶腿並非往昔燒臘舖賣的熟火腿而是壽眉茶汁和火腿片。

　　先在砂鍋爆香薑片及火腿片，下清水、濃壽眉茶汁和苦瓜，滾兩分鐘，繼下茄瓜再滾一分鐘，最後下青瓜再沸立即離火，原鍋上桌。

　　苦瓜的諫果回甘妙韻，青瓜的爽甜、茄瓜的軟滑，加上茶香腿香更如錦上添花，令這別開生面的蔬食顯得魅力非凡。

　　三瓜值不了幾個錢，而今火腿也甚廉宜，弄一大鍋所費亦不過十元八塊而已。吃得精緻些不一定要奢侈。

五福臨門

狗年年初四 開工大吉

迎春接福，身壯力健。

這是小時候歲暮在先父督促之下磨墨開筆最先寫的兩張揮春，然後才到老少平安、財源廣進……。

旺財狗新歲開筆，亦謹以此祝各位身心康泰，納福迎祥。

歲聿云暮在中山購得冬瓜乾，是炊魚的妙配，也是很好的齋料。

大年初一隨俗吃一頓素，做了個「五福臨門」，冬瓜乾之外還有日本花菇、枝竹、髮菜和菜芛。

先以老薑、花菇腳、大豆芽、扁尖笋熬了素上湯。

冬瓜乾與髮菜浸透且換水兩次，就是曾經薰過硫磺也亦無礙——因為二氧化硫可溶於水。

這個素菜只用橄欖油、海鹽、紹酒、素上湯清煮，不加麵豉、

南乳、蠔油之類的調味品，菜根香的天然韻味別有出塵脫俗的魅力。

吾家小女問五種材料有何寓意？

花菇形似金錢，髮菜與發財同音，冬瓜乾如無瑕白玉，菜芛色如翡翠，炸枝竹金光燦爛，更重要的是象徵「知足常樂」，這比甚麼福都還重要。正如辛棄疾所云：若要足時今足矣，以為不足何時足！

素菜應該簡而清，五六種材料已是極限，那些「三菇六耳九頭陀」大雜燴的「十八羅漢齋」或「鼎湖上素」個人着實不懂得欣賞。

區區常以饗客的「濃魚湯煮五秀」半湯菜一向甚受友儕歡迎。

「五秀」是借「廣州泮塘五秀」：「菱角、蓮藕、馬蹄（荸薺）、茭白、茨菇」之名而變陣，從鮮百合、鮮銀杏、鮮腐皮、鮮蘆筍、鮮珍珠筍、迷你甘筍、菜芛、白菜膽、鮮菇冧、花菇、竹笙……不拘一格，隨意揀五樣顏色相配適合口味者也就是了。

春初早韭

　　「春初早韭，秋末晚崧」一直被認為是最佳時蔬，崧即大白菜，往昔在北方一到秋末家家戶戶便窖藏起來準備過冬，而今市場有大量溫室菜供銷，菜蔬的季節性已經沒有從前那麼明顯。

　　二十年前在三藩市桃谿Walnut Creek舍親園中，「夜雨剪春韭」吃火鍋，雖然只有夏威夷魚滑、蝦、牛肉片和豆腐，那肥壯、脆嫩韭菜的滋味至今難忘。

　　韭菜又名懶人菜，因為一經種下剪了還生，故《說文》說：「種而久者，故謂之韭。」

　　韭菜一年四季都有，除了春韭之外，秋冬也是韭菜的黃金時代，只有在夏季較差，食諺有「六月韭，臭死狗」雖然過分誇張，但也可以反映在炎炎夏日韭菜不及其他季節之受歡迎。

　　在廣州名菜「大馬站」中韭菜、豆腐、燒腩、蝦醬佔着同等重要地位。豆腐、韭菜是可葷可素的最佳拍檔。

頂豉（頂級的麵豉）、豆腐煮韭菜用料

雖簡單卻是非常冶味的素菜。請注意是「素菜」而不是「齋菜」，因為韭菜被列為「五葷」之一，持齋者戒食。

中醫認為韭菜具興奮作用，故別名「起陽草」，這也許是佛門戒吃的原因。往昔有韭菜、生蝦煮酒的「風月菜」，歡場客把它吹捧為有壯元陽功用的靈方。

韭菜頭勝尾，只取白色韭菜頭油鹽淨炒，滋味已甚美，如袁枚在《隨園食單》所云加蝦米、鮮蝦、蜆、蛤蜊肉炒自然更妙了。

一株韭菜只取白色頭部一段似乎浪費，但也限於頭兩三度為佳，尾部四吋較為老韌的部份最好不用，如若要惜物的話也只宜切碎了煎蛋。

食諺有云：生葱、熟蒜、半熟韭，韭菜切忌過火，不但老韌黏牙，鮮味亦失了。

春光佳饌

今年未到清明時節的早春已經吃了一回炒藠（讀如轎），但沒有「切菜」便嫌缺乏了「拜山菜」的風味。「切菜」是鹹蘿蔔絲、甚鹹，須浸淡才堪用。

順德清明祭祖，以藠菜，切菜炒豬肉據云取其以轎（諧藠之音）迎送祖先之意。

區區很喜歡吃藠。特別是色如白玉的嫩頭。故一貫是淨取藠頭加切菜炒煎香豆腐乾和燒肉片。

壯碩的藠頭多醃作酸藠頭，與酸薑為廣東最流行的酸菜。近年因以醋精，糖精醃製的劣貨氾濫漸失當年風味。

初夏嫩薑登場之時，取子薑芽以好米醋，蔗糖，海鹽醃漬，色如象牙而帶嫣紅，脆嫩清香，酸甜合度，可以入饌炒雞，炒鴨，炒牛肉，也可配皮蛋而食作開胃前菜更是天作之合。

暮春珠三角的時鮮雋品自以禮云子為箇中翹楚，近年因污染問

題影響生態環境，蟛蜞大量減少。禮云子已成珍稀奇貨。區區幸有神通廣大的好友眷顧每年還能有機會分嘗一臠。

　　吾家小女自小對「禮云子蒸蛋白」情有獨鍾，區區卻愛「禮云子、燒腩蒸豆腐」——最可惜的是而今的燒腩瘦多肥少風味大打折扣。

　　去春試過「禮云子，蟹肉，炒碎金飯」，跟本地生菜片吃生菜包，殊不俗。

　　「碎金飯」是以帶黃的雞蛋炒飯，片片如金，香氣撲鼻，不但遠勝蛋白炒飯，也更勝炒不透的「金包銀飯」一籌。

　　春筍也是當時得令的妙品，脆嫩的春筍在淮揚菜高手的手中一味「油燜春筍」便顯得風采不凡，滋味無窮。

　　順德菜雖不以筍名，但卻不乏以筍入饌的好菜。春筍魚白炒田雞腿，伴幾條青葱翠綠的菜笋便是色香味俱絕的骨子好菜。

藿菜・蒿子

老友約飲茶，並賜贈一本《閭巷話蔬食》的書，道：「日前你寫『和菜』應是『合菜』很有道理，這本書有一篇文章也值得參考。」

他還特地用筆在目錄圈出那篇〈拌藿菜〉，區區急不及待便立即拜讀了。

「藿」根據拼音是huo，文章說北方鄉間至今仍有春秋吃藿菜、春餅的風俗。

吃藿古已有之。小時候讀元稹的悼亡詩「野蔬充膳甘長藿」老師便解釋「藿」是豆苗，後來在上海館子吃「冬筍炒豆苗」價值不菲，便常以這句詩作話題。

其實不要說得那麼遙遠，昔時鄉間野菜一旦登上城市華堂飯桌便身價百倍，草頭、薺菜，馬蘭頭……都是現成例子。

文章說：鄉間吃「藿菜」是指滷拌豆芽菜，滷即「打滷麵」——

—食肆多寫成「大滷麵」的滷，乃指勾芡的金針、木耳、蘑菇、煮肉片，澆在焯過的豆芽菜拌勻就春餅吃。這就是拌藿菜吃春盤了。

區區疏懶成性，不學無術，寫這篇聊供茶餘酒後消遣的遊戲文章最大的滿足是能收拋磚引玉之效，不時蒙各方高明賜教。

《閭巷話蔬食》是本可讀性很高的好書，不止談飲說食還廣及民俗、器用以至土話俚語，很有助於我們多了解一些京都風土人情。

《紅樓夢》晴雯要吃「炒蒿子桿兒」鬧出一場風波－節教區區心中一直在懸念着「蒿子桿兒」到底是甚麼東西呢？

這本書也教區區頓釋懸疑。卻原來「蒿子」便是「茼蒿」——香港食肆寫作「唐好」！蒿子桿兒是去了葉的桿，切段炒吃，可配葷料也可清炒——晴雯嗜清，嫌一沾了葷便濁俗了。

茼蒿葉叫蒿子毛，涼拌吃可用稀釋麻醬加白糖或黃醬加蒜茸，各位不妨一試這Bejing Salad。

水蘿菜兩吃

　　近年在食肆吃到的通菜十居其九是旱蕹，即短度，莖梗幼而色深綠的那種。

　　最近在菜攤上看見那些淺碧如玉的粗梗水蕹頓然眼前一亮，忍不住便買了一大紮。

　　買了通菜最先想到蝦醬炒或腐乳椒絲炒，但不甘於老是如此一成不變，便動動腦筋物盡其用來個水蘿菜兩味——把嫩滑的葉和薹，與爽脆的莖梗分別炮製：

　　一、蟹肉扒通菜苓。

　　二、蝦醬牛肉炒通菜梗。

　　一隻幾兩重的蟹，花蟹、青蟹、三點蟹都無不可，蒸熟了，拆肉候用。拆蟹肉之時務須加倍小心，千萬注意不可帶任何碎殼，免生危險。

　　通菜苓先以油鹽煸炒，下水一杯煮軟，瀝乾水，候用。

起鑊爆蒜茸，通菜回鍋，加雞湯一杯，下蟹肉、紹酒、蠔油、胡椒粉，煮一分鐘，勾芡，上碟。

　　如此這般燒出來的蟹肉通菜笋不但軟滑而且飽湆蟹味，風味遠勝食肆那些貌合神離的做法。

　　區區必須承認，這也不過是業餘入廚者的權宜變通之法，並非正道。

　　專業廚師的做法是蟹肉先下鍋，再落通菜，加湯燒透，推好芡，手腕一抖來個大翻勺，鑊中材料凌空而起翻個身變成蟹上菜下，廚師順勢用手勺一扒，端端整整的連菜帶芡裝好在碟上，這才是「扒」的真工夫，也正是「扒」的真義。

　　年輕一代的廚子入行之時已難一睹這些傳統的手藝，誤以為炒了菜，澆蓋帶芡的「碼」便是「扒」了！

　　水薐菜莖梗切段之後必須用指捏或用刀拍破才易入味。而且應先以油鹽煸炒至半熟後才加蝦醬或腐乳，這樣經過生煸再爆炒的水薐菜爽脆入味，絕非「炟」熟了再炒的大路貨可比。

清芬藕饌

在超市看見洗得乾淨的藕，吾家小女問：「這些藕看來不錯，為甚麼我們似乎很少吃？」

一經提起才省起近今似乎很少吃藕，莫說當前已不合時，就是在秋冬當造之際近年也很少以蓮藕煲豬肉、牛腩、燜排骨、豬手，蒸藕餅、炒藕片……。

蓮藕當造時吃得最多的藕饌是「上海菜」的「桂花糖藕」。

往昔從街市買回來的蓮藕是整枝連泥的，不像而今整治清潔不費工夫。

一枝蓮藕以頭度的「荷花頭」和二、三度的藕爪為佳。嫩藕脆嫩鮮爽、老藕味較厚而帶粉，我們常說「藕斷絲連」，那是老藕的特徵，嫩藕無此現象。

嫩藕宜切片炒，磨成茸或剁碎做成藕餅蒸或煎，老藕宜煲燉湯、燜煮，量材而用，才能各盡其妙。

古老廣東俗語謂女人賣弄風情為「拋生藕」不知何所據而云？

不過藕、菱角、馬蹄等不可生吃，須防有薑片蟲之患。就是作涼菜的藕片，藕條也須先在沸水焯過，然後涼透冰凍。

目前蓮藕雖非在最佳狀態，但以之煲湯、燉湯問題不大。

蓮藕、綠豆、陳皮、紅棗燉鴿是很清鮮的夏令好湯，不但味美而且教人有消暑、怡神、清暢的美妙感覺。

「煲三燉四」太費時不大適合現代快速節奏。其實藕片滾湯也殊不俗。藕片、鮮菇滾豬柳肉片，不但湯水清鮮，肉片嫩滑，藕片爽甜，鮮菇美味，不太費工夫而有湯有肴甚符合家常烹飪以清簡為重的原則。

偶然在食肆吃到煎藕餅，都嫌肉多油重，有損蓮藕的清韻。

往昔長輩守齋茹素之期常蒸藕餅，蓮藕茸之外只有江南正菜粒、花菇粒、芫荽梗，但風味遠勝食肆的俗品。

人面初露臉

　　經過嘉咸街口見有美得如象牙雕成的可愛子薑和今年初見露臉的人面，只有一小筐便把它全買了下來再作道理。

　　雖是初造但那一小筐人面已老嫩參半。差不多有三分一是硬核而薄肉的老果，連核尚軟的嫩口妙品僅是少數。

　　人面、子薑、紅辣椒、磨豉蒸魚雲、魚餃、魚腩或排骨、五花肉俱妙。

　　試過去年買了子薑、人面擱在雪櫃忘卻白白糟蹋了的慘痛經驗，這回立即行動先蒸一回魚雲，再蒸一次腩排，分兩頓暢啖倒也沒有辜負了這愈來愈稀有的時令妙品了。

　　人面必須新鮮才有那股難以言說清新妙韻，一旦用醬油浸漬了便完全喪失了那股靈氣，渾不是那麼的一回事了。

　　超市不賣淡水活魚之後只有重又光顧街市魚檔。大魚頭買回來斬得大小不一且帶來魚鰓，魚販簡直完全不負責任！可恨的是一向

光顧的鄉親只賣水盤貨不售大魚、魷魚，無可奈何迫於要受這等閒氣。

街市商販也有好的，肉檔老闆便很不錯了。

腩排揀了件肥瘦合度帶軟骨的，買半斤斬足八兩，並沒有一刀切下去便隨口報數：「食多五蚊啦」的陋習。也許是在超市競爭壓力之下學了乖吧？

嫩薑應寫作「子薑」還是「紫薑」往往教區區下筆躊躇，從一個傳統粵菜「紫蘿鴨片」看來似應作紫——因為嫩芽是近乎淺紫色的嫣紅。

教人痛心的是夏令名菜「紫蘿鴨片」因誤於庸廚已幾成絕響了！

區區以優質米醋自醃薑芽，用新鮮菠蘿，以燒鴨胸片代替用梳打食粉醃壞了的鴨肉，做「紫蘿火鴨片」風味殊為不俗，當然醇和的酸甜芡汁也是成功的重要關鍵。

要酸甜芡醇和，也很簡單，買瓶蘋果醋代化學白醋也便是了。

粒粒皆辛苦

七月初一。

中環嘉咸街口老牌菜檔尚在賣子薑、人面。

在北角春秧街乍見鳳眼果已經上市,忍不住擬買半斤。

賣菜阿嬸說:「是一磅計的。」

區區便要了半磅、連兩個苦瓜便要四十塊錢了。

往昔在中環可以買到剝了殼的鳳眼果,剝去了兩重棕色軟硬殼顆顆像象牙珠子似的買回來便可以烹調。炒蝦仁、蝦球、牛肉、燜雞、燜鴨、燜排骨都十分方便。

而今逾五十元一磅的鳳眼果買回來卻要自己剝殼,許是區區懂得其法也剝得指頭生疼。

鳳眼果有兩層殼,外軟內硬,須先用刀輕砍個十字然後兩層一齊剝除,砍得淺難以剝淨,砍得深又會碎爛影響觀瞻。

也有人用沸水煮過便於剝殼,但如此一來鳳眼果清香之味流

失，未若生剝之善。

　　燜雞鴨排骨可與肉料同燜，如炒蝦仁、蝦球、田雞腿、牛肉就要先蒸熟鳳眼果，這一點不可不知。

　　區區以鳳眼果、鮮菇冧燜腩排，吾家小女食而甘之，認為比栗子好吃得多。

　　便對她說：「要仔細品嘗慢慢欣賞。雖然不很值錢，但工序繁，可真是粒粒皆辛苦也。」

　　鳳眼果原名蘋婆，亦稱富貴子，據說因為本名「貧婆」犯了不吉利之忌。珠三角一帶有「好天荔枝，雨水蘋婆」之說，意指晴天多利荔枝，蘋婆則要雨水足才豐收。

　　往昔舍下常以鳳眼果花菇焗雞，把鳳眼果納於雞腔之內焗熟才斬件，雞味與鳳眼果清香渾成一體，滋味敻絕。

　　鳳眼果還可以作甜品，鳳果奶露，和以砂盤擂爛作鳳果糊都是七夕拜仙的熱門消夜糖水。

瓠節瓜

　　吾家小女與媽媽從Harvey Nichols逛到IFC興致正濃，區區已經要開小差打道回府稍息。

　　傍晚時分她們來電說正在銅鑼灣shopping，便相約就近吃頓便飯。

　　一家三口吃中菜不論東西南北菜系都無大作為，只叫了半隻菜膽上湯雞、原條炆瓠節瓜和荷葉飯。

　　菜膽雞中規中矩，雖然琉璃芡稍嫌過分稠結，區區已經收貨。

　　可是吾家小女說不及「書香會所」阿良的好吃。便向她解釋上湯浸雞宜全隻，不但火候掌握較易，因為沒有割口雞肉受熱不會收縮得那麼厲害，肉質便較嫩滑、鮮味也不會流失。

　　半隻雞轉瞬間一掃而空，區區倒後悔沒有要全隻。

　　吾家小女嫌上湯雞的芥膽和配瓠節瓜的芥蘭帶苦味，區區卻以為這正是優點——沒有把菜「焾」到真味蕩然本色盡失。

芥菜與芥蘭都應有苦味，一般食肆為了遷就大眾口味多把它去掉，吃慣了這些被閹割了本色的「炟菜」吃到真味反而大有意見了。

不過瓢節瓜餡料是冬菇絲、西芹絲、肉絲，雖有新意但風味反而不及傳統「家鄉瓢節瓜」之美。

所謂「家鄉瓢節瓜」是我們順德家常風味，餡料是剁半肥瘦豬肉加北菇粒和江南正菜粒或梅菜心粒。

把節瓜刮淨攔腰切斷挖空瓜囊瓢入餡料，再用三根牙籤成品字形插在斷口把兩截節瓜連接起來還原為全瓜，隔水蒸透以用箸能夠輕易插入節瓜為度。

家常風味不勾芡，也忌下醬油以免節瓜泛酸。要踵事增華，可以浸透珧柱兩粒，撕碎加清水一杯與瓢節瓜同蒸，夠火候時節瓜先上碟，珧柱與原汁加蠔油勾薄芡澆蓋在上面，多花十元八塊稍費點工夫便儼然有酒家菜的姿態了。

翡翠金鉤銀絲

　　區區做了個消暑的fusion冷盤，簡單方便，風味不錯，願與同好共享。

　　材料是：苦瓜、金鉤蝦米、粉絲。

　　調味料是：海鹽、意大利香醋、橄欖油。另備煮粉絲的清雞湯。

　　清水浸軟粉絲和金鉤蝦米。

　　苦瓜去瓤，片去軟身白肉切丁，入冰箱凍透。

　　粉絲剪成兩吋左右短度，用清雞湯煮一分鐘，連湯攤涼放入冰箱凍透。

　　金鉤蝦米起油鑊爆香，加清水兩湯匙文火煮至收乾水，濺紹酒，攤涼後也入冰箱凍透。

　　何謂凍透？約兩小時最為理想。

　　臨吃前取出各料，粉絲瀝乾先上碟。

苦瓜丁先以海鹽、意大利香醋拌勻，加金鈎蝦米後再下橄欖油，鋪在粉絲之上。

清爽、悅目，一新口味的fusion冷盤「翡翠金鈎銀絲」便大功告成了。

意大利香醋Balsamic Vineger與橄欖油Olive Oil品質不同價格十分懸殊。醋比酒貴者比比皆是，Cold-pressed Extra Virgin Olive Oil也不是省油的燈，區區建議買百元左右一瓶者已足。

海鹽也是如此，大路貨十餘二十元250gm，不必買貴三四倍的威爾斯Anglesey海鹽。

而今市面的大路調味品白砂糖不夠甜，枱鹽不夠鹹，辣椒醬不辣，芥辣不香，廉價合成醬油和醋的惡劣更到了不堪聞問的可悲地步，只有被迫採用價錢較貴的進口來路貨了。

這個「翡翠金鈎銀絲」既可作冷盤菜，增多些粉絲也可以作為輕食——要身材窈窕的太太小姐更還可以魔芋絲代粉絲。

區區常以海鹽、香醋、橄欖油拌苦瓜丁佐放入冰箱凍透的潮州粥或冷麵都覺十分受用。據朋友反映，這簡易的冷盤小吃也是啤酒的最佳拍檔。

珍菌

　　吃「北菇焗雞」雖然風味尚還不錯，但不由懷念起往昔「陳草菇焗雞」的高味，真是：「此情只合成追憶，而今懷想更惘然了。」

　　往昔的南華草菇，短柄、厚肉，成求神問卜的較杯形。清水浸發，用指刮淨柄頭的泥和藏於褶內的細沙便可用。

　　焗雞、蒸雞、滾湯、煮齋都是良材，家中常備是急就章湯水——滾蛋花湯、滾菜莘肉片湯都是十分高妙的家常美味。

　　更懷念已經絕跡於香港市面近二十年的「口蘑」——北口蘑菇，最後一次購得是在中環三陽南貨店拆舖之前。

　　「口蘑」是內蒙特產，因以張家口為集散地故一向稱為「北口蘑菇」，簡稱「口蘑」。

　　「口蘑煮津白」、「口蘑燒豆腐」、涮羊肉的鍋底，些須口蘑、雪菜、清水，更能彰顯羊肉的鮮美。

而今中國的食用菌培植十分發達，產量大增，樣子也美，日本的椎茸業被打得七零八落。但可惜的是往昔的雋品已是只合成追憶，且莫說鮮香軟滑的花菇、秋菇，就是我們順德人用於蒸魚、蒸肉片的香蕈也渺不可尋了。

　　近年出現的食用菌類新品種「茶樹菇」較為可取，香與味都不錯只可惜質地硬韌並不可口，樣子也不成大器殊無足觀。取了汁作調味之用還可以派上用場，倒是不錯的幕後英雄。

　　以個人接觸所得的印象，食用菌中最浪得虛名者：首推西方的黑菌（松露菌）與中國的猴頭菇，區區吃過多次──而且是出於「大師」之手者。盡了最大努力和想像力，還是察覺不到有甚麼好處，也許是個人修為未夠，沾不到那麼崇高境界的邊吧？

　　只有羨慕大談黑菌如何美妙的「美食家」，可真有「福」了。

可惜，可惜！

　　港商花了百幾萬元投得的三塊意大利白松露菌在熒幕亮相之後自然成為滿城紛說的熱門話題。

　　湊巧那天紐西蘭「國寶」Cloudy Bay Sauvignon Blanc酒宴的「餐前敬菜」，其中一個單元赫然有白松露菌，自然更引起大家注意。

　　區區先把它端起來細意一嗅，依稀似覺隱隱約約有一丁點幽香——可能百分之九十是出於想像，因為小小的薄如蟬翼一片蹲在小於花旗骰子般大小的溫溫吞吞雞肉之上的白松露菌縱有異香也很難煥發出甚麼魅力。何況在傳送途中，香氣也會有散失之虞，基本上這並不是高明之作。

　　白松露菌須藉佳餚熱力才能把蘊涵的異香煥發，故一般多席前刨幾片灑在意大利麵食Pasta之上，借熱力迫出香氣才能光華盡顯。訓練有素的廚師不應該不知，不此之圖簡直是暴殄天物了！

一個合格廚師的起碼條件是洞明物性，讓食材能夠盡量發揮優點，絕不可把妙處掩蓋甚或破壞。

　　比方説生蠔最宜即開即吃，知味老饕且認為絕對不應添加任何調味品──連兩滴鮮榨檸檬汁也嫌礙事──才能夠徹底品嚐清純的海韻marine flavour。

　　在高檔西餐廳加Tabasco、茄汁吃生蠔的貴客便很難贏得白鴿眼侍應班頭尊重了。

　　那晚區區一看那兩隻生蠔竟然雙雙五花大綁似的綑了青瓜薄片已自稱奇，入口一試，但覺酸味搶口，青瓜盡掩蠔肉軟滑之美，勉強囫圇吞下倒真為生蠔遇人不淑深感惋惜。

　　吃第二隻之時先把那些縛束拆掉，讓生蠔得以真面目示人，不至屈殺在庸才之手，負了造物主的恩賜。常言有道：「廟小也有靈菩薩」，反過來説：名山寶刹也不一定必有高僧。

有趣的誤會

「上海佬真好本領，把甚麼腸都做得這麼好吃。」老人家這麼一說把我們都逗得哈哈大笑。

他的少爺告訴他那不是雞腸、鴨腸、鵝腸而是豆腐皮，他還半信半疑：「豆腐皮怎會是這個樣子？」

那晚吃紅燜茭白百頁結紅燒肉，一位阿伯以為百頁結是甚麼腸的小插曲教區區靈機一觸，何不試做一個素菜版本的「豉椒鹹酸菜炒鵝腸」？

鵝腸須帶脂膏始佳，而今那些刮淨肥膏用鹹醃過的鵝腸簡直味同嚼蠟，代之以百頁結不但風味過之且更健康。

豉椒鹹酸菜炒鵝腸是往昔小飯店、大牌檔的熱門貨色，雖是難登大雅之堂卻有魅力沒法擋的醒胃冶味，與蝦醬鴛鴦魷同為酒徒熱愛的下酒恩物。

而今從雲南空運而來的茭白廉而美。十幾年前區區炒一碟茭白

肉絲，在南貨店買兩三條浸在水中保鮮的茭白也動輒要二、三十元，時下一包幾條的鮮嫩茭白才不過幾塊錢而已。

茭白與柳腴切絲，加毛豆爆透。下蠔油、生抽、削片糖、粟粉、清水預調碗芡一烹，收緊芡濺酒上碟。下酒、佐麵、送飯俱妙。

順德人有個妙菜「飯面蒸雞髀」是取嫩茭白用刀拍裂，飯水收乾時放在飯面焗熟，上碟後才加豉油、熟油、胡椒粉，脆嫩鮮冶的滋味與雞髀不遑多讓。

「蒸瓤茭白夾」也是十分精采的清鮮佳肴，坊間食肆例必以美其名曰百花的淡無味蝦膠為之便無足取，再加雞粉妖邪賤味更難以下咽了。

趁茭白當時得令，倒要自己動手以鯪魚滑瓤茭笋吃個痛快。

鯪魚滑須自剁，現成者加了邪味決不可用！此外還須加些切石榴子肥肉，陳皮茸和葱白粒。香、味、口感方符理想。

秋梨雜憶

一到秋天便憶念起往昔那些又香又甜，又脆又多汁的梨子。

小時候放學回家一啟門如嗅到一陣清幽果香便知神壇上供了雪梨了。

這些「天津鴨嘴梨」個子不大而且每多起了斑駁的「梅花點」，但香甜多汁，肉質脆嫩確不愧為秋冬果王。

「天津鴨嘴梨」無疑是梨中雋品。據書上資料：梨有雪梨、秋白梨、鵝梨等等，以萊陽梨為佳。可不知「鴨嘴梨」是鵝梨還是萊陽梨？

廣東也產梨，是肉硬味淡而無香的沙梨，近年已少見於市面。

自從日本「二十世紀水晶梨」面世之後，新一代便唯大是尚，這種東洋貨虛有其表，汁雖豐而味薄，幾乎寡淡如水，知味食家所不取焉。

十數年前「新疆香梨」初在香港面世之時倒真是廉而美。可能

是因為個子小輸了賣相幾乎無人問津。近年樣子比較漂亮了，價錢貴了也罷，最可惜的是風味已大不如前。

這教區區想起廿幾三十年前英國的conference pear，大小長短不一，皮色帶青，像茄子多於梨子。這「醜小鴨」不但香甜可口，而且汁豐肉滑，一鎊銀可以買到兩磅也是廉而美的佳果。

也想起五十年代初來甫到的澳洲「啤梨」，也是汁豐而肉質柔美，絕對不是而今那些硬到可以掟死狗的青磚梨子的樣子。

近年區區在「書香會所」常着廚房燉「雙雪南北杏陳皮紅棗鷓鴣湯」。

雙雪者雪梨、雪耳是也，鷓鴣而今野生者難求，養殖者香與味俱薄，為加強湯味必須加豬腒。有時更可踵事增華添些元貝、螺肉。饞人以口福為先食療養生之益尚在其次。

最有益莫如川貝母、蜂蜜燉秋梨，止咳‧潤肺‧消燥－－可是因個人向不嗜甜，連咳嗽之時也不願意吃。

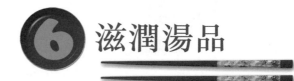

6 滋潤湯品

冬瓜盅

　　七十年代銅鑼灣食街集團有家「小小菜館」，店名小小其實規模不小，兩層營業地方且有廳房，面積比畔溪小館更大。

　　主廚是上環陸海通飯店舊人，出品水準不錯，區區對他們的「雞火冬瓜盅」印象甚深，事隔三十年仍難忘懷。

　　冬瓜盅一般多以「雜錦冬瓜盅」面目出現，材料有蟹肉，肫丁，肉粒，菇粒，火鴨粒，絲瓜粒，火腿茸，鮮蓮子，夜香花……等。

　　用料上乘者尚不失為「集錦」，下焉者簡直就是「雜碎」而已。

　　故區區教會所廚房製作「葷湯上素冬瓜盅」，捨葷料而用素料：鮮蓮子，花菇，竹笙，黃耳，榆耳，絲瓜，鮮笋，輔以足料上湯，定價雖比「海鮮冬瓜盅」為高也亦不乏知音。

　　小小菜館當年的「雞火冬瓜盅」以簡勝繁，捨五光十色的雜錦

碎料而以鮮味之源的雞與火腿掛帥，先把全雞與火膧加湯燉到酥軟，然後再以雞與整件火膧和原味高湯燉冬瓜盅。

這個菜，全雞火膧登場雖夠氣勢，但主角卻是那清鮮醇厚的湯和如脂似玉嫩滑膩如酥的冬瓜。

這雖然看似簡單其實要達到如此水準也亦不易。冬瓜須取老嫩適中大小合度，火候更要掌握準確，火不夠冬瓜不會嫩滑酥融，一過火便疲軟綿爛全無口感渾不是那麼一回事了。

區區幾十年來吃冬瓜盅，娛樂性最豐富的一回是目擊冬瓜盅爆肚的荒唐透頂之事。

侍應在分菜之際，那冬瓜盅的腰部突然穿崩噴出如瀑布似的湯水，小姐花容失色手足無措。

但如此出醜的罪魁不是台前女將而是那混帳庸廚，因為冬瓜燉得極度過火才會瓜皮破裂釀成爆肚噴湯之禍！

上演這鬧劇的酒家早已關門大吉，但爆肚瓜盅卻常留在我們腦海。

酸笋雞皮湯

吾家小女愛吃雞，但因怕肥故不吃皮。吃海南雞飯固如此，連脆皮雞也不例外可真有些莫名其妙了。

浸雞、蒸雞的雞皮也爽滑可口，不吃未免可惜。但區區一向絕不欣賞剝出雞皮瓤一層蝦膠的「江南百花雞」，因為這麼一來便吃不到雞的鮮味了。

往昔高檔熱葷「蛤扣雞皮」也有此弊，「蛤扣」者是田雞的胃，經鹹醃過口感甚爽脆，與雞皮的爽滑相映成趣。不過認真而言亦只是徒貪口爽而缺乏真味的「茂派菜」而已。

讀《紅樓夢》見寶二爺連喝兩碗「酸笋雞皮湯」每覺有點奇怪，為何賈寶玉對此酸湯情有獨鍾？

後來在一本談紅樓夢飲食的書中看到，所謂「雞皮」原來是指熟的雞脯肉，以其薄如皮，故名。

酸笋是炎夏妙品，酸笋、子薑炒牛肉，酸笋、磨豉、辣椒蒸魚

魂都是十分醒胃的佳饌。

往昔醬園雖然也有酸笋發售，但滋味不佳，當年永吉街陸羽的主廚梁敬自製酸笋，把竹笋投於洗米水中浸三幾天，經過發酵自然變酸別有滋味。

區區有速成法，以鮮笋切薄片，先加些鹽醃半小時，沖洗、瀝乾，再拌蘋果醋，如此這般的急就章酸笋風味也還不俗。

此法也可用於醃薑芽。子薑切薄片，先下鹽略醃，洗淨，再加兩湯匙蘋果醋，一又二分一湯匙黃糖，一小時左右便相當好味。

如整塊子薑醃則需時一兩天才能入味了。

在此謹向讀友盧先生致謝，承來函賜教嫩薑應寫作子薑而非紫薑。

夏日每飯思好湯，以上湯作底加些熟雞脯、酸笋絲、酸薑絲和芫荽梗滾個湯風味當不讓紅樓之饌吧？

雙雪潤燥湯

　　往昔一屆深秋，街上小販高喚「糖砂炒栗子」與「有雪梨冇熱氣」的叫賣聲便此起彼伏譜成「鬧市秋聲賦」。

　　賣雪梨的小販都練就快刀削皮好本領，高手更能雙刀並用不用沾手便能把雪梨外皮削得一乾二淨。

　　一到秋冬我們圍內飯局便常來個「雙雪燉鷓鴣」潤燥保健湯。「雙雪」者乃雪梨、雪耳，鷓鴣之外更加豬腱、南北杏、陳皮、紅棗。

　　鷓鴣而今野生者難求，可幸養殖者鮮味尚還不錯，醫家說鷓鴣之所以有除痰之功因為此鳥懂得揀法半夏而食云云。

　　時至今日既難得野生者，唯有藉南北杏與陳皮化痰了。

　　家常湯水來個「雙雪煲生魚」也是秋冬保健妙品，雪梨、雪耳、南北杏、陳皮之外，煎香生魚一條、豬腱半斤、兩公升水煲至待六成湯，味道甚為甜美。

市面雪耳良莠不齊，以漳州雪耳為佳——也不必買一級貨，三級者足矣。球體鬆散孔大顏色慘白的廉價貨勿用，質劣易瀉之外，燻過硫磺漂白也有損健康。

雪耳用熱水焗軟，剪去底部硬邊之後，再滾透便可以用。

雪梨可連皮但須去心和核。

雪梨今昔大異，往昔的「萊陽梨」、「天津鴨梨」個子小，且多起梅花點很容易便開始變爛，但香高、肉脆而味甜，可真是果中逸品。

而今的雪梨碩大而色鮮，外觀雖甚美，可惜香與味都大遜疇昔，中看不中吃虛有其表而已，不過售價不高，不失為價廉物美的佳果。

最近朋友送來一箱日本溫室大梨，也只得水分多、肉鬆脆，如此而已，只此而已。說老實的，這般貨色，如此價錢，區區決不肯掏腰包去買。

大泥磚

　　劉健威老弟提及在深圳吃杭州名菜老鴨湯，以油脂厚達半吋無人敢吃，原封不動打回頭。

　　區區也有不少朋友亦曾有過如此經驗，他們不禁質疑如此這般的東西怎可以竟然成為名菜？

　　箇中道理其實甚簡單。原來版本不是如此，真正老鴨脂肪少斷不會油汪汪，物質變了風味也亦隨之。催肥快大飼料養出來的鴨盡是玉環體態，燉出來的湯自然也就油膩不堪了。

　　往昔一到夏天，冬瓜蓮葉煲老鴨便登場，向為廣受歡迎的時令菜，但近十餘年已成絕響，理由是老鴨難求，用普通鴨煲出來的湯不但油膩且亦乏味，好好的傳統粵菜名湯就此瀕於湮沒了。

　　廣東食家吃雞重嫩雞項——未生過蛋的小母雞，鴨卻取老鴨公——因為多以之煲湯燉湯利其油少味濃而滋補。

　　廣東辦飲食文化重湯，主力集中在湯水，煲湯的打料視為「湯

渣」，燉品往往也只喝了湯，而把肉料置於不顧。

廣東人飲湯忌油膩，雞湯、豬肉湯例須撇油，在菜肴重油水的時代也亦如此。炒、燴、燜、烹的菜可以加「包尾油」，湯卻務須撇除面上浮油方能上桌。

廣東口味對湯的要求以清是尚，故落重肉料的上湯也以清澈為貴，對外省的口味厚重白湯每嫌過膩。故近年香港外省菜館的「白湯」，也稱「奶湯」都遷就市場口味而加以改變了。

杭州菜品牌名店打進香港遭過「滑鐵盧」，那把客人嚇怕了的油膩老鴨湯要負上大部份責任。

招牌名菜竟成堵塞客路的大泥磚，實非過江龍始料所及了。

常言有道：「眼不見為乾淨」，法國肥鵝肝儘管含脂量甚高，但屬隱性。所以連雞也不吃皮的太太小姐照啖如儀也。

驅暑五虎將

　　大暑後一場雷雨驅散了暑氣人間暫得一陣清涼。可是正當炎夏還有一大段日子才到秋涼，除了冬瓜之外尚有好一些消暑好湯值得一試。

　　苦瓜、絲瓜、青瓜、節瓜、芥菜都是解暑妙品，而且均宜於作急就章的滾湯。

　　先說苦瓜，切片滾牛肉片或剁牛肉丸湯水都甚甘美。

　　可是牛肉片和牛肉丸一過火便不嫩滑食趣大減，堪堪僅熟鮮味未出則湯水又嫌寡淡不夠鮮美。區區有個兩全其美的簡易之法，多買四兩牛肉煎取了湯底才滾苦瓜與牛肉片或牛肉丸，僅熟便立即撈起以保持口感嫩滑的妙趣。

　　絲瓜，鮮菇滾肉片湯雖簡易也須注意一些細節。如絲瓜應刨去硬脊再刮皮留青，切旋刀塊——成帶瓢的斧形，鮮菇要開邊「飛水」——在沸水中汆過，豬肉宜選柳腩先用少許鹽及粟粉醃過，先

滾熟肉片放下鮮菇與絲瓜，再沸便可上碟。

　　廣東人口中的青瓜北方叫黃瓜。區區往昔在京香樓夏日來個「炒合菜戴帽」吃餅之時多會加個「黃瓜裏脊湯」──青瓜片滾豬柳脄片，加重一點醋椒味更醒胃可口。

　　節瓜、鹹蛋、肉片湯也是熱門的夏日家常湯水，為口福之謀有些步驟也應注意。

　　節瓜片與鹹蛋黃先滾透，再下肉片滾熟，全部上碟之後才下蛋白，一待凝固立即撈起才嫩滑可口，而且賣相乾淨俐落倍添食趣。

　　芥菜也是解暑妙品，油鹽爆透芥菜加水滾成清湯教人一喝下去便會感到十分舒暢。

　　倘若加煎香魷魚尾，多花十元八塊，多費些須工夫，更是口福頓然平添多倍了。

　　順德人在夏天常會以芥菜煲白心番薯，既可口也是消暑的食療良方。

星馬風

　　這一陣子，滿城紛說肉骨茶，對「鹹魚翻生」的星馬風味食肆應有利好影響。不過說老實的，以區區試過者而論鮮有滿意，連最基本的風味小吃也搞不好，其他的更無論矣。

　　星馬肉骨茶風味不同，前者色淺而清，後者色深味濃。

　　傳統肉骨茶的發祥地是星洲新加坡河畔，百幾年前貨倉林立，苦力搬運藥材、香料之時地上遺下不少碎料。

　　苦力掃集篩淨之後加豬骨熬湯淘飯，是為肉骨茶之始。

　　時至今日，馬來西亞版本的色深藥味重風味有當年遺風。

　　色淺味清的星洲肉骨茶屬改良派，重用蒜頭和胡椒。

　　當年星洲饕客帶區區去皇家山腳水廊頭River Valley吃肉骨茶，特別關照加淨湯和罈底的原個蒜頭，那飽吸了肉味入口酥融的蒜肉風味尤勝那些肉骨頭。

　　肉骨茶必須剛夠火候，肉骨開始分離之時才有柔中而有彈牙嚼

勁的美妙口感，而且湯鮮而香，佐油條或白飯俱佳。

　　一旦過火，香消肉殘便如秋娘老去，風華不再。

　　資深饕客說肉骨茶剛開鍋的十五分鐘最妙，過了三十分鐘便急劇衰退。

　　故吃肉骨茶必須揀旺場的去處，以其貨如輪轉易於保持最佳狀態。

　　酒店coffee shop由朝到晚長期供應的貨色因轉流慢，形在神亡渾不是那麼一回事了。

　　數星洲食肆之「招積」當年牛車水會所街的「八婆炒飯」堪稱首屈一指。

　　二十幾年前，區區與朋友吃了炒飯炒粉各一，加四杯「紅毛茶」——奶茶。叫看賬，那婆娘冷冷地吐出三個字：「一百溝」——一百大元坡幣，承惠也沒有一聲。

西餐湯

倘若作問卷調查：日本、法國、意大利有甚麼湯？

相信絕大多數會填寫，味噌湯、焗洋葱湯、雜菜湯。

雖然日本、法國和意大利還有許多更精采的湯，但無可否認最為世人所熟知者，非此莫屬。

吃日本菜，區區每愛來一甌味噌湯，三兩樣漬物，一碗飯作終結篇。

洋葱湯、雜菜湯個人並不特別欣賞，因為還有不少更美味的Consomme、Potage、Minestra……。

法國家常風味的湯菜，Pot-au-feu，區區一向情有獨鍾，尤其在寒冬，還更是非常樂胃的comfort food。

Pot-au-feu就是火鍋的意思與petite marmite小砂鍋十分近似，有湯有肴。

傳統的做法是必有牛肉、雞和雞肫、雞肝、椰菜、甘筍。但可

以各師各法隨意添加羊肉、牛膝、豬手和各式蔬菜以至香腸。

這些清燉的肉一般以粗鹽、芥辣、酸瓜薦食，也可以跟茄醬、辣根。

意大利雜菜湯雖然有煙肉和麵食，但仍以蔬菜為主導，比較輕清，不像法式火鍋可以作為一柱擎天的主菜。尤其是香港的港式西餐意大利雜菜湯更是名副其實，除了湯和雜菜之外便一無所有了。

英國的羊肉薏米雜菜湯也是寒天妙品，比意大利雜菜更為充實。只須配些麵包、芝士便是一頓很可口適意的便餐。此湯烹調也簡單，以牛油爆香切碎甘笋、蘿蔔、西芹、洋葱、大葱、整塊羊肉、浸透薏米加湯或水文火熬煮兩小時左右，取出羊肉切成小塊放回鍋中便功德圓滿，就是入廚初哥也能勝任愉快。

許多人以為一出廣東便無好湯，如此井蛙之見大錯特錯，番邦的湯比我們更講究者多的是也。

7 華洋餐飲

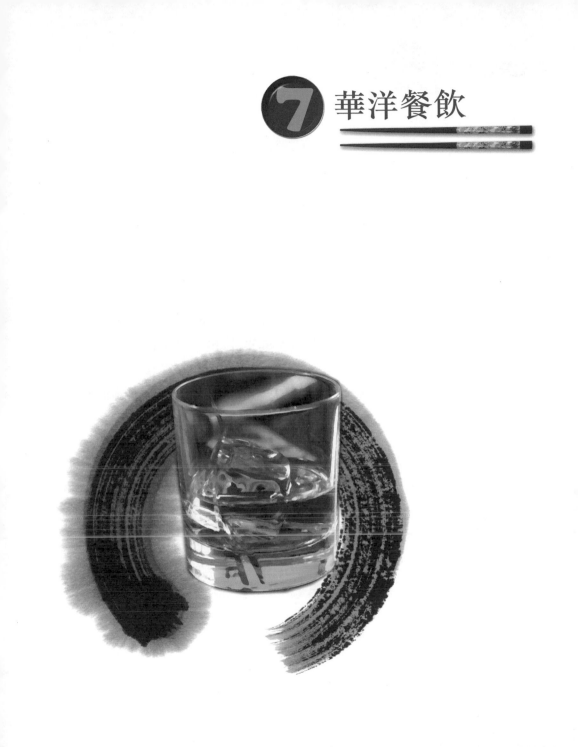

瑤池春滿

　　財神日小宴開了一瓶八八年的Chateau Lafite-Rothschild配「五福聚華堂」之外，其餘的「雙喜玉麒麟」和「吉星長拱照」都喝「瑤池春滿」雞尾酒。

　　這是區區歲晚一時心血來潮無意偶得之的創作：在笛形香檳杯先注入五分之一的「瑤池古坊八年陳」，再加香檳至泡沫將泛至杯口為度，這飛珠噴沫的琥珀杯，真有教人未飲心先醉的魅力。

　　醇厚的陳年紹酒與清冽的香檳融和結合展現另一番風姿，不但勝於盛行歐洲的餐前酒Kir Royale，與加拔蘭地的Champagne Cocktail比也毫不遜色。

　　香檳的清新馨逸益以紹酒的溫柔敦厚韻味，加以濃淡隨心正是佐海鮮和雞饌的理想之選。

　　調雞尾酒的香檳自不必勞駕到Krug或Dom Perignon之類的重量級人馬，也非限於法國香檳，意大利的Spumante、西班牙的

Cava、德國的Henkell-Troken以至其他的Sparkling Wine都無不可。

　　初四開市在超市買了八個蜜柑才是十元出頭。頗訝價錢之一平至此。歲晚碩大無朋的鮮橙也只是四元一個，光看樣子堪稱價廉物美。新春擺設案頭添些喜氣十分相宜。

　　那晚壓軸的「黃金千萬兩」是每位剝淨的蜜柑加注君度橙味甜酒。這才發現而今的蜜柑虛有其表，甜味與果香俱不足，幸有君度的酒香與甜味補其不足，庶幾可以藏拙過關。

　　談起生果大家都在懷念往昔其貌不揚但風味不俗的潮州鬆皮大柑，汁豐而蜜味濃郁。花地青邊紅肉歪嘴楊桃清甜而無渣，豈是而今那些大而無當的南洋貨可比。還有梅花點香芽蕉、天津鴨嘴梨、胭脂紅番石榴、大紅柿、廣西榕縣沙田柚……各有教人回味無窮的風味今也難再追尋了。

熱酒

近聖誕吃季末「水尾蟹」飲室溫的「瑤池古坊」紹興酒：預祝聖誕。

座中有人大發中西飲食文化不同之偉論：「中國飲食尚熱，西人愛冷，我們食熱葷，煮酒論英雄，他們吃沙律，香檳要冰凍，威士忌要加冰。飲紹酒一向要燙熱，而今也有懶得去做了。」

區區頗不以為然，三杯兩盞到肚更口沒遮攔反駁道：「西人也有不少熱飲之酒，優質紹酒燙熱過度反而敗了風味。歐洲冬天盛行飲加玉桂、檸檬、糖煮熱的紅酒Mulled Wine，聖誕和新年還有人飲熱Eggnog，你必然飲過的『愛爾蘭咖啡』不也是熱飲的雞尾酒麼？」

在中央取暖系統未普及的年代英國人每愛在上床前來一杯Toddy，這也被視為醫傷風的妙方。

多年前區區曾教老友「太子成」以此抗感冒，拔蘭地一份，方

糖兩粒，檸檬三片，丁香四顆，放在水杯中，加開水至九分滿，攪勻了乘熱大口大口飲。他愈飲愈覺滋味不錯，一杯復一杯，然後上床大睡十小時，傷風感冒果然不藥而癒。Toddy不限拔蘭地、威士忌、冧酒等有四十度酒精的烈酒都無不可。

雖然醫生都認為「飲酒驅寒」是錯誤的觀念，但寒天飲熱酒那感覺——儘管是錯覺吧——着實很好。

江南冬日天寒地凍，晚來天欲雪，在小酒館來一壺燙熱的紹興酒暖手暖胃暖身自很受用，酒味如何反成次要，在二十幾度室溫的香港酒家樓淺斟低酌室溫的優質紹興酒卻更能體會到那醇和柔美的佳妙之處。

傳統自有其優點有其可愛之處，但往往也會有些誤差有些糟粕，如錫壺溫酒常飲長飲會中鉛毒，如此傳統難道還應死抱着不放？

燙紹興酒的溫度須控制得恰到好處，而且只能用沸水浸熱不宜直接加熱，溫度過高酒味便變酸，甚麼佳釀都糟蹋了。

占士邦馬天尼

七十年代區區在文華酒店頂樓叫了一杯酒。

侍應對掌檔的酒保報order：「打孖乾假馬、企直、飛欖、扭檸。」

無何那杯酒端來百分之一百妥當，正是區區吩咐的double dry vodka martini, straight-up, no olive, with a twist of lemon。

雙份重伏特加馬天尼，淨飲，不要黑水欖，加扭檸檬皮。

有人叫它作「占士邦馬天尼」，是很男子漢的餐前酒。

最近在FCC見有vodka Promotion，羅列了好一些未嘗過的伏特加，包括波蘭的Belvedere。較早之前曾在酒舖見過包裝漂亮但價錢貴其他逾倍，而這裏每杯只是二十五元而已。

來了杯加冰on rock的，清醇而夠勁很對口味，知有原瓶冰透的便再來杯straight-up淨飲。

新潮口味不可思議，那天在酒舖貨架上見有多種加了味的伏特

加，各種果味不在話下，竟然還有咖啡味的哩！

　　我們一向認為伏特加以清醇為貴，有些怕妻酒徒回家前不敢飲其他酒專注於此便是利其喝後嗅不到酒味。

　　區區一個老番朋友曾出通告誡一眾主管午餐可飲適量酒，但不能喝伏特加。理由是恃伏特加無酒味很易過量，見客時有異常態又無酒味更易惹人誤會。

　　伏特加屬蒸濾烈性白酒類，含酒精量與拔蘭地、威士忌相若，約為百分之四十，較諸中國白酒如高粱、茅台、五糧液之類為低－－出口的標準酒精量是百分之五十二，內銷者更高。

　　自六十年代以還區區經常喝的伏特加是俄國的Stolichnaya，喜其清醇適口，近年更常常用它作浸藥材的酒基，利其無雜味，且純度也較為可靠。

彩袖慇勤捧玉鐘

　　幾十年來都喜歡喝「威梳」——威士忌加梳打水和冰塊。

　　吃中菜之時以酒力濃淡配合口味輕重的菜式，自覺十分適意，比為又紅又白而操心自在得多。

　　因之有的侍應關顧酒水，對區區而言便十分重要。因為酒、水、冰的分量一旦失衡便教人感到十分窘惱。最常發生的意外是侍應添了酒而梳打水加得不夠，一大口呷下去酒力勁至嗆喉，four letter-word不由衝口而出！

　　小晏詞云：「彩袖慇勤捧玉鐘，當年拚卻醉顏紅。」故知要飲得盡興，少不得彩袖慇勤。這三十年來幸而也有很合心意的彩袖關顧區區的酒水。而今鏞記之阿芬，與往昔的Candy與阿珍，都善解人意，調酒合乎法度 ，既省卻了許多無意中招的煩惱，也恒能維持杯中酒不空的基本飲趣。

　　區區口味習慣了蘇格蘭混合型威士忌，除了某流行牌子之外，

其他甚麼也亦不拘，也因愛加冰加梳打大口喝，太醇的貴價貨反嫌不夠味了。

近年常喝的牌子售價愈來愈貴，而且新裝容量更從七百五十毫升減至七百毫升，加價兼縮水甚惹人反感！區區決予抵制重拾舊歡再取七十年代愛喝的J&B。

不過惱人的是經常發生誤會，送來了美國威士忌Jim Beam。幸而向不喜那股香氣，未入口已能察覺了。

J&B當年與十二年貨同價，近年跌至普通貨的水位，區區估計主要原因是顏色太淺，絕不適宜酒吧作Pouring之用，這麼一來倒便宜了老酒客可得「抵飲」的好酒。

J&B在美國市場相當活躍，在荷里活電影中也不時出現那紅字招牌的酒瓶。

當年區區與一個女友以JB和XO互稱，以兩者俱是彼此最愛喝之酒也。

Bar Queen

　　香港而今不但有不少華洋調酒女將，而且已經昂然進入五星級酒店，奠定了撐起半邊天的專業地位。這在二、三十年前還是不可想像的。想當年喜來登酒店地窖酒吧出現「鬼妹Bar queen」，已令一眾酒友們津津樂道了。

　　香港行上對調酒師Bartender向稱Bar King，女調酒師也便順理成章稱為Bar Queen了。

　　雞尾酒雖然名目繁多，可以數得出逾千，但流行者來來去去都是二、三十種，遇上了太冷僻者有「天書」可查，查不到的話可以反過來向酒客請教，並不存在「被考起冇面丟架」的問題。

　　七十年代有幾個「蒲吧損友」有時要飲Sex on the beach，那是伏特加酒加西瓜汁、菠蘿汁的冷門雞尾酒，除了名字之外，說老實的沒有甚麼特別趣味，區區試過一杯之後也便算了。

　　一回在五星級酒店的大堂酒吧要了一杯「威梳加冰」，竟然是

「君子之交」的貨色！幾塊錢成本賣十倍價錢，分量稍多一點，就是斤斤計較成本經濟效益也亦無關宏旨，何必鄙吝至如此非驢非馬，唔湯唔水的樣子？

後來碰到餐飲經理忍不住「爆陰毒」，恭喜他們創造了一隻新雞尾酒。他一頭霧水問是何物？區區笑答道：「Sex on sampan-fxxxxxg close to water!」

個人口味，愛在蘇格蘭威士忌加梳打水和冰塊以中和酒力，引發幽香，和豐富口感。但酒、梳打和冰的比例須恰到好處，過濃過淡都甚惱人。作為專業調酒師竟然以淡如水的「威梳」奉客實不可恕，以一家五星級酒店而言更不能有如此失禮之事影響形象。

真的，區區受了這杯「君子之交」威梳的影響，對那酒店便難有好印象了。山崗上鼎足而立三家酒店，十幾年來這家光顧得最少。

明前佳茗

與福茗堂主人共膳於Jimmy's Kitchen，他剛從江南買茶回欣然報喜：「今春天氣好，龍井和碧螺春都豐收。」

他帶了小量回港準備送些極品與一級新茶予區區品嘗。

區區老實不客氣道：「要多一些一級貨，極品意思一下也就是了。」

倒非關客氣，顧住老友荷包，而是個人自問對極品綠茶那「無為有處有還無」的「清極幽香，澹中至味」還未心領神會，寧取色、香、味都較為彰顯的一級雋品。

近年龍井因名氣大，需求多，一如逢火腿都稱「金華」，市場上也有凡浙江綠茶都號為「杭州龍井」、「西湖龍井」，甚至「獅峰龍井」……的現象！

相對之下，蘇州碧螺春因為勢頭尚未有那麼勁，反易得真材實料的雋品。碧螺春原名「嚇煞人香」，據說這個雅號是乾隆御筆親

題云云。

　　去年江南春寒，新正還在飄雪。龍井與碧螺春等綠茶都遲熟，故甚少「明前茶」。就是「雨前茶」也亦欠佳。

　　龍井、碧螺春等綠茶品質的關鍵除了產地，品種之外，天時更是最重要因素。

　　「極品明前」是在清明前的春暖佳日採摘的嫩芽人手焙炒。

　　每次只能炒一百克才能炒成片片都「直、平、扁、尖」嫩綠中帶點微黃的「色香味形」四美俱備的明前龍井。一公斤茶有三至四萬片，品茶人少知片片皆辛苦。

　　福茗堂主人說：「今春三月廿五至廿八日剛好是春暖快晴天，是採剛巧成熟嫩芽的黃金機會。故今春的獅峰明前龍井品質之佳為近年罕見，宜以攝氏八十至八十五度水沖泡。優質明前、雨前綠茶其色翠綠，其香馥郁，其味鮮爽，茶葉形態纖巧秀美，箇中妙韻非坊間食肆粗品可比。」

鐵觀音、牡丹王

　　一位愛茶朋友酒後破口大罵近年福建茶商為了遷就台灣市場喜愛清香型烏龍茶的口味竟然把鐵觀音閹割了，不惜打碎和篩去受火的紅邊把「觀音韻」完全破壞，近年的鐵觀音湯色帶青而無甘醇之味，色衰味薄魅力全失。

　　他大力慫恿福茗堂主人去安溪投資設廠救亡，生產古法焙製「綠葉紅鑲邊，七泡有餘香」的鐵觀音以免這名茶於不知不覺間淪於湮沒。

　　武夷巖茶、鐵觀音、鳳凰單叢都屬半發酵茶，以香氣清高、茶味甘醇，回味悠長見勝。當然，這是指佳品而言，潮州館子那盤色如紅茶的「茶仔」，或茶居的大路貨水仙、鐵觀音都是徒負虛名渾不是那麼一回事，正如超級市場那些幾十元一瓶的餐酒與波爾多、勃艮地的名門佳釀完全風馬牛不相及一樣道理。

　　也難深責食肆，試想只收十餘元一位茶怎可能真真正正以「超

高級白牡丹新茶皇」奉客？

茶友曾問：「最高級白牡丹新茶皇應該是怎樣的？」

以區區所知應該是指「一旗一槍而色帶灰綠的新茶」。一旗一槍指一片嫩葉帶一槍嫩芽的頂尖茶，完全是帶白毫的嫩芽便稱「白毫銀針」自成一格不入白牡丹之列了。

「壽眉」與「白牡丹」都應有「白毫嫩芽」且不論多寡起碼要有，一盅茶連一根白毫亦沒有者嚴格而言沒有資格僭稱為「白牡丹」。

有些交情不太深的朋友常有美麗的誤會，說：「與你一道來特別不同。」

其實去相熟的食肆在吃的方面沒有太大分別，「兵荒馬亂」的午市怎會特別着意去炒碟小菜？至於茶倒是常沾老友的光喝到「老闆私伙茶」，這當然與大路貨有異了。